学校の応急処置がよくわかる【第2版】

—— 緊急度の判断とその対応 ——

JRC蘇生ガイドライン2020完全準拠

はじめに

私は時折養護教諭を対象に講演をしています。そこで聞くのは、幅広い執務の中でも応急処置が最も緊張し、ストレスのかかる業務であるということです。何十人、何百人もの児童生徒の健康を一人で預かっている重圧は私には想像がつかないものです。

私が救急隊員と一緒に、『先生！ 大変です！ 救急車を呼びますか!!』を出版したのが2009年で、2011年には『先生！ 大変です！ どうしたらいいですか!!』を出版しました。幸いにも先生方のご支持を得て、順調に版を重ねることができました。この本は、「先生！大変です！」シリーズの後継になります。シリーズでは緊急度の判断と応急処置の実際を分冊して記載していましたが、今回、学校での応急処置がこの一冊で完結できるようにしました。内容も、シリーズでは多くが救急隊員の観点から述べられていたのに対し、本書では医師の立場で記載しています。

応急処置を行う上で大切なことが３つあります。

（1）安全を確保する

助けに行った人が事故に巻き込まれることは絶対に避けなければなりません。交通事故なら車の通行を止める、一酸化炭素中毒ならすぐ換気をするなど、安全確保が第一にすべきことです。

（2）人を集める

緊急性の高い病態では多くの人を集めましょう。一人でできることは限られています。慌ててしまって自分を見失った場合でも、他の分かる人が指揮を取ってくれます。

（3）できることだけする

応急処置は現在の症状を悪化させないために行うものです。できることだけを行いましょう。この本は先生のできることを増やします。

この本が先生方の緊張やストレスをいくらかでも軽減できることを願っています。

旭川医療センター・臨床検査科部長　玉川　進

第２版によせて

初版発行後の2021年６月に日本蘇生協議会（JRC）蘇生ガイドライン2020が発行されました。この第２版では内容をガイドライン2020に完全準拠させています。空白部分にはDr's eyeを入れました。またコロナ禍３年目の状況を巻末に載せています。

2022年８月

Contents

第3章　内因性のもの

第 1 章

緊急性の高いもの

1 心肺停止

普段どおりの呼吸をしていないと思ったら、すぐに胸骨圧迫（心臓マッサージ）を開始します。普段どおりの呼吸をしているかよくわからない時も、胸骨圧迫を行います。

1 フローチャート

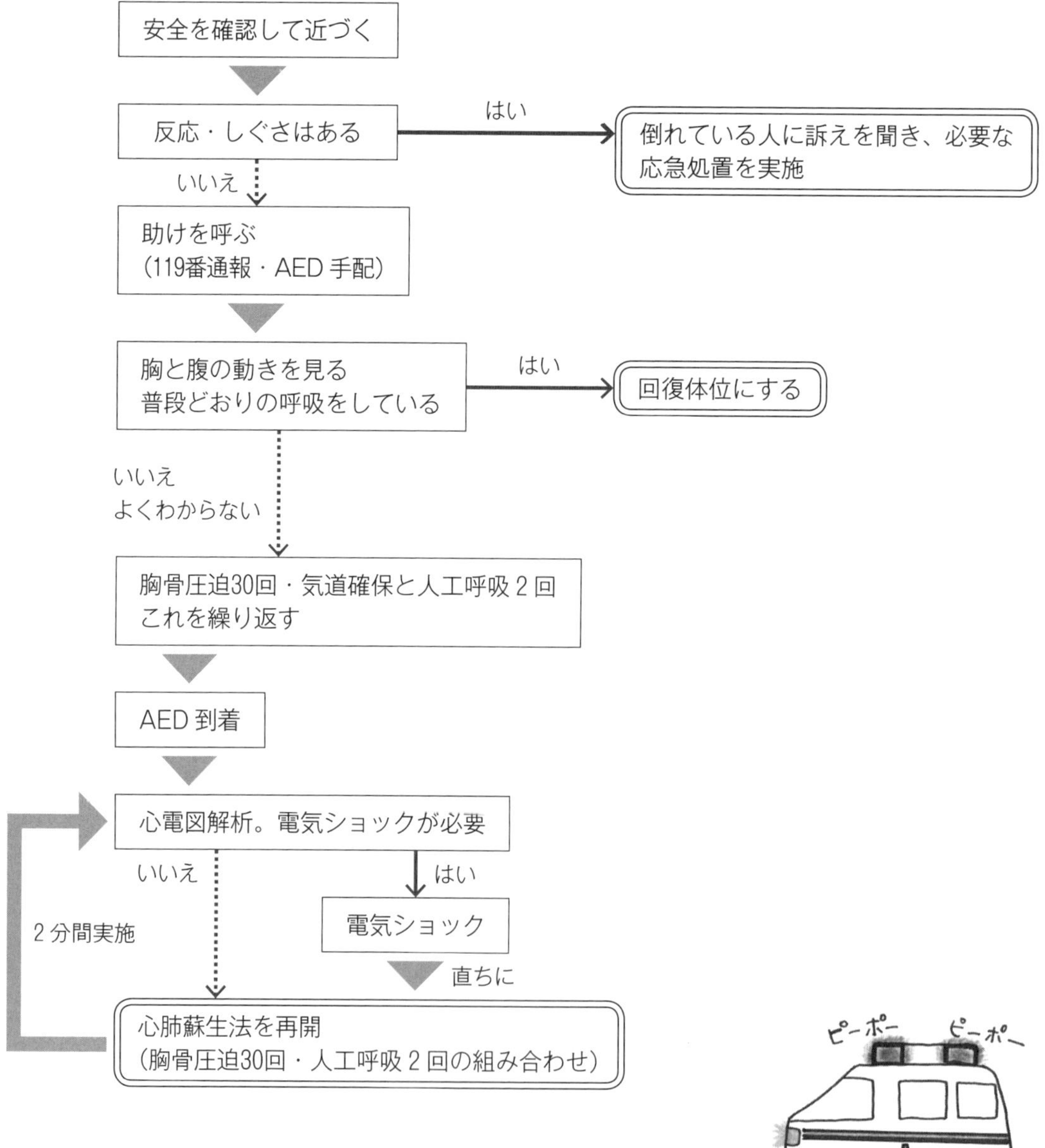

2 判断のポイント

Point 1 ● 普段どおりの呼吸をしているか（①）

胸と腹の動きを見て、普段どおりの呼吸をしているか判断します。口だけをパクパクさせている様子は普段どおりの呼吸ではありません。

Point 2 ● 迷ったら胸骨圧迫（②）

呼吸しているかどうか迷ったら胸骨圧迫を開始します。

Point 3 ● 中学生以下は人工呼吸（③）

中学生以下では胸骨圧迫と人工呼吸を行います。高校生以上では胸骨圧迫だけでかまいません。

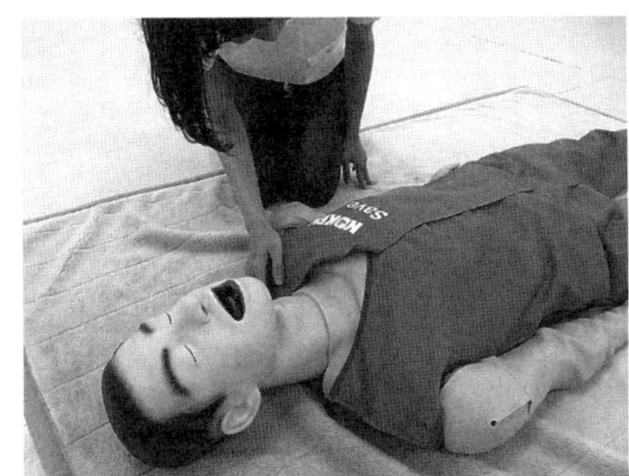

①胸と腹の動きで呼吸を確認する

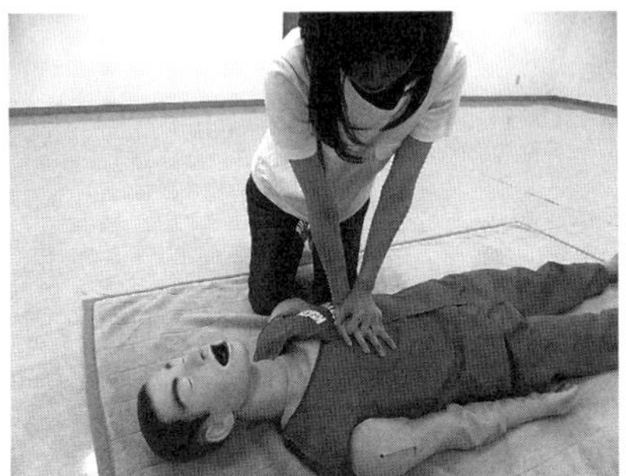

②迷ったら胸骨圧迫を開始する

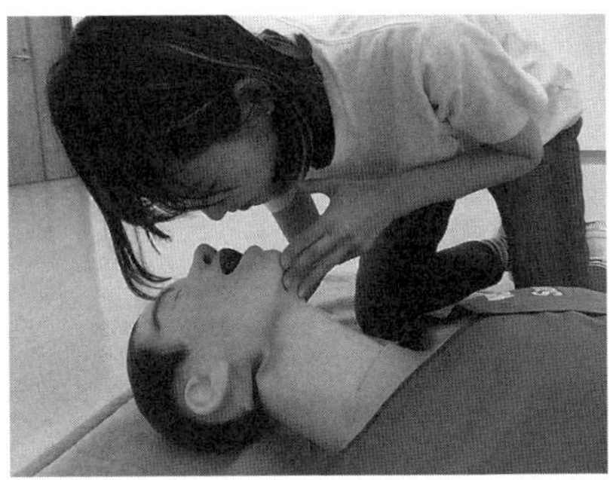

③中学生以下は人工呼吸を行う

3 処　置

1）倒れている人を発見したら

周囲の安全を確認してから、倒れている人のところへ近づきます。

2）反応を確認する

倒れている人の耳元で大きな声で呼びかけながら、肩などを軽くたたき反応を確認します（④）。呼びかけに対して、何らかの反応もしぐさもみられない場合は、「反応なし」と判断します。

反応がある場合は倒れている人の訴えを聞き（⑤）、必要な応急処置を実施します。

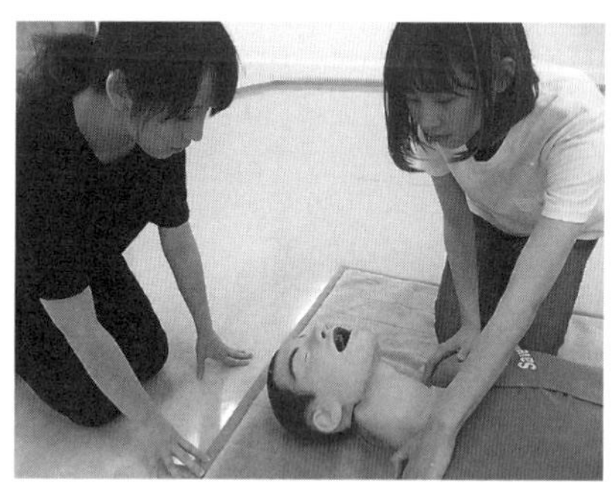
④反応を確認する

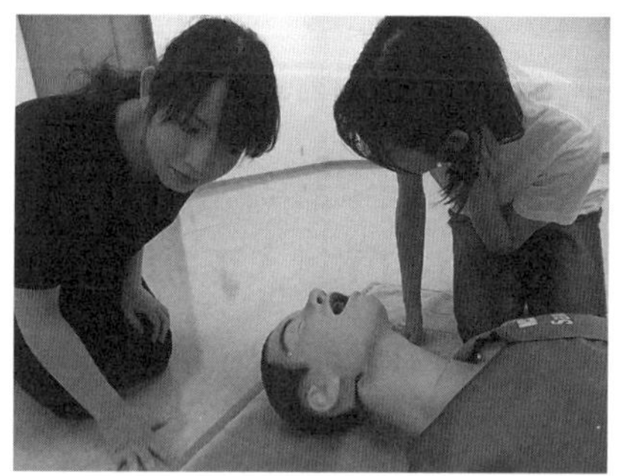
⑤倒れている人の訴えを聞く

3）助けを呼ぶ

反応がなければ大きな声で助けを呼びます（⑥）。協力者が集まってきたら、「A 先生は119番通報してください」、「B 先生は AED（自動体外式除細動器）を持ってきてください」と**名指し**で協力を依頼します。名指しした方が確実で迅速な行動が期待できます。協力者がいない場合は自分で119番通報し、AED を取りに行きます。

狭い場所に人が倒れている場合は、処置のできる安全な広い場所へ移動します。うつ伏せ（腹臥位）の場合は、仰向け（仰臥位）に体位を変換します（⑦）。

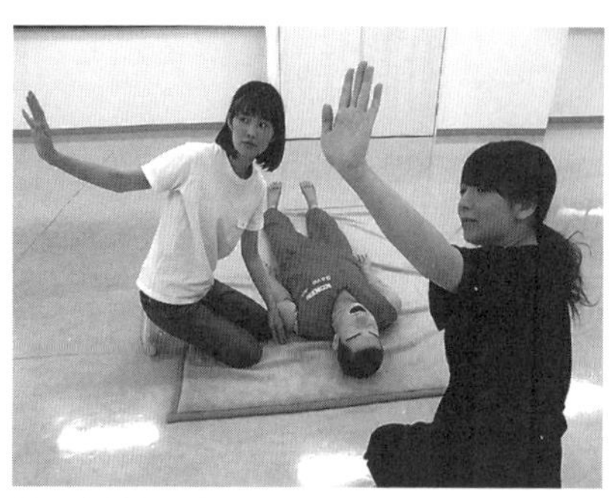
⑥反応がなければ大きな声で助けを呼ぶ

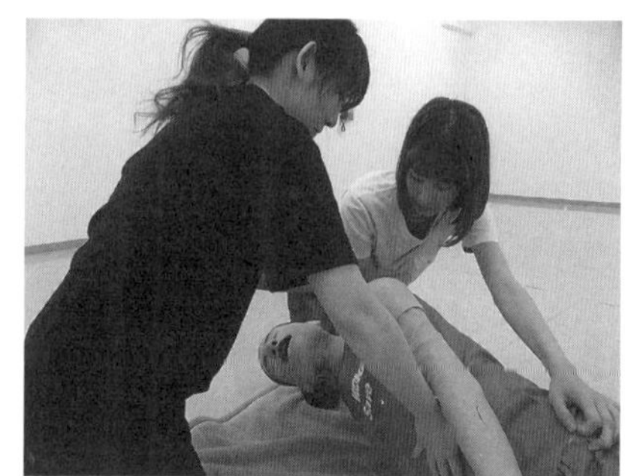
⑦うつ伏せなら仰向けにする

4）呼吸を確認する

倒れている人の胸と腹の**動きを見て**、普段どおりの呼吸をしているかどうか確認します（⑧）。胸も腹も動いていない、口をパクパクさせたりしゃくりあげる（死戦期呼吸、p. 36参照）など、普段どおりの呼吸をしていない場合（図１）は、「反応なし」と判断します。

普段どおりの呼吸がある場合は**回復体位**にして（⑨）救急隊の到着を待ちます。呼吸の確認は迅速に行います（10秒以内）。

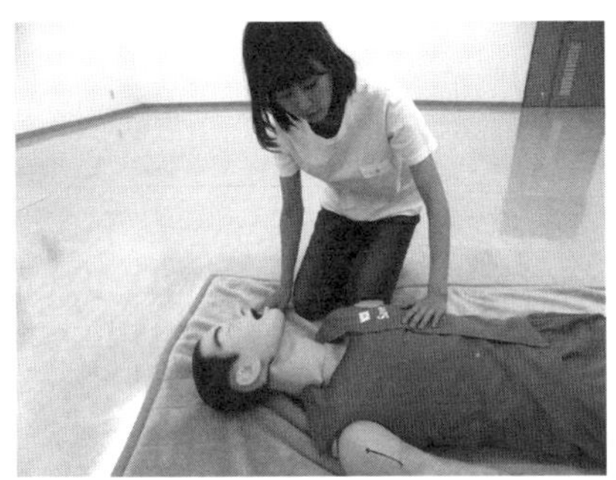

⑧胸と腹の動きを確認する

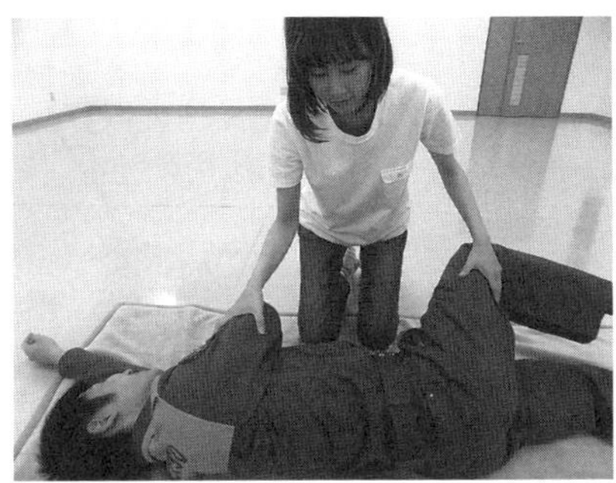

⑨回復体位

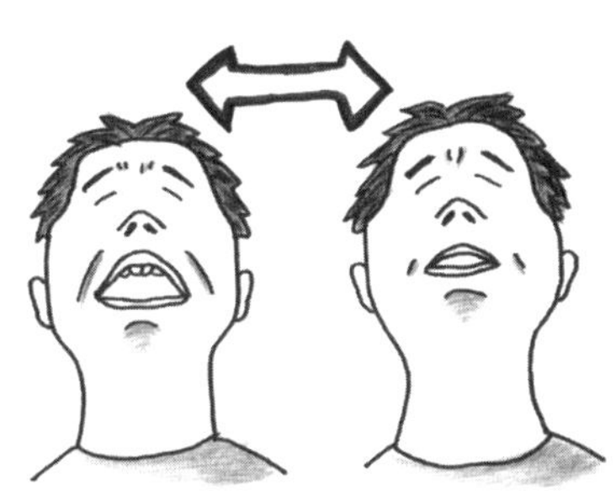

図1
死戦期呼吸
口をパクパクさせたりしゃくりあげたり、首を振ったりする

5）胸骨圧迫（心臓マッサージ）

普段どおりの呼吸をしていない場合やよくわからない場合は、直ちに胸骨圧迫を開始します。圧迫する部分は**胸骨の下半分**＊で、両手を重ねて置き（⑩）、1分間に**100回から120回**のテンポで30回連続で胸が**5～6㎝**（新生児を除く乳児から中学生までは胸の厚さの**3分の1**）沈む強さで圧迫します（図2）。倒れた人に対して、肘を垂直に伸ばして圧迫する（⑪）と力が入りやすく、胸骨圧迫の効果が上がります。

＊JRC蘇生ガイドライン2010までは「胸の真ん中」としていましたが、同ガイドライン2015以降は「胸骨の下半分」になりました。ですが、目安は同じ「胸の真ん中」です。

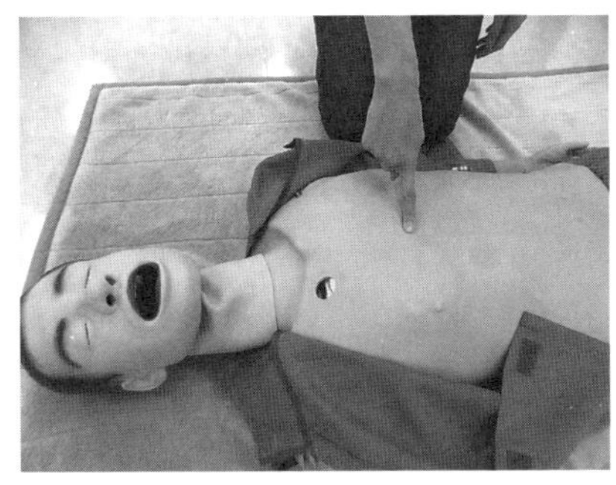

⑩胸骨の下半分に両手を重ねて置く

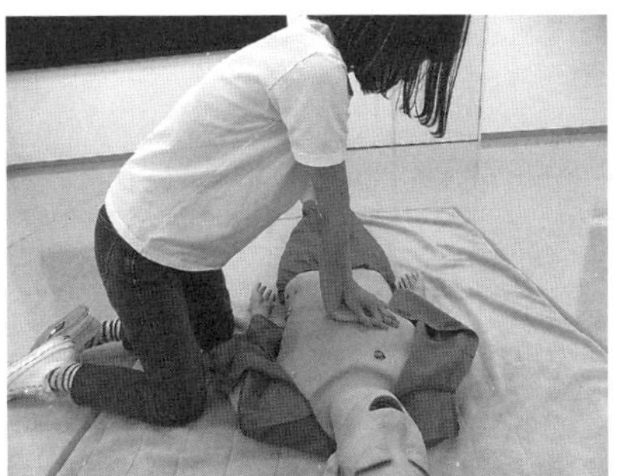

⑪肘を垂直に伸ばして押す

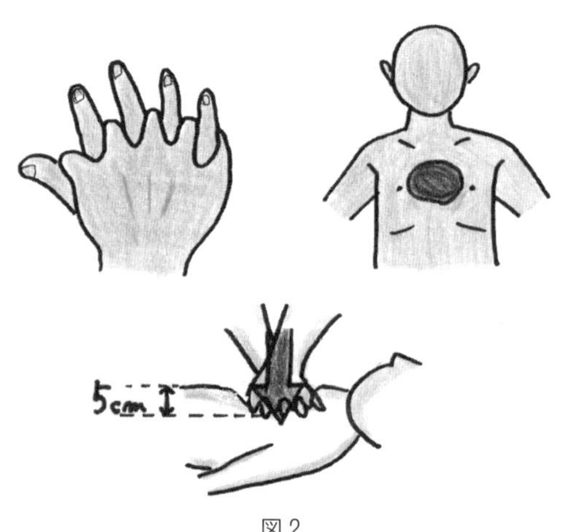

図２
指を組み胸骨の下半分（目安は胸の真ん中）を５～６㎝（中学生以下は胸の厚さの1/3）沈むように押す

６）気道を確保する

倒れている人の額を片手で押さえ、もう一方の手の指を**顎の先端**に当てます（⑫）。そうすることで、頭を後ろにのけぞらせ、空気の通り道を広げることができます。

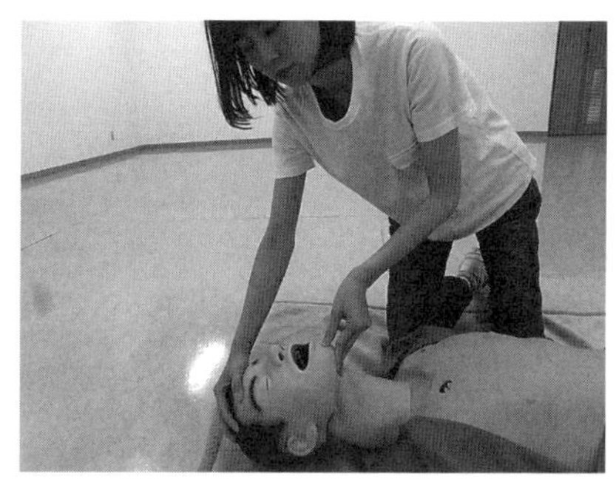

⑫気道確保

７）人工呼吸

気道を確保しながら、倒れている人の鼻をつまんで口に口を当て、２回息を吹き込みます（⑬）。この時、倒れた人の口を覆うように、大きく口を開けます。息の吹き込みは、**１秒間**かけて倒れた人の**胸が少し上がる程度**にします（図３）。うまく息が吹き込めず、胸が上がっていなくても人工呼吸は２回だけとして**やり直しせず**、胸骨圧迫を再開します。

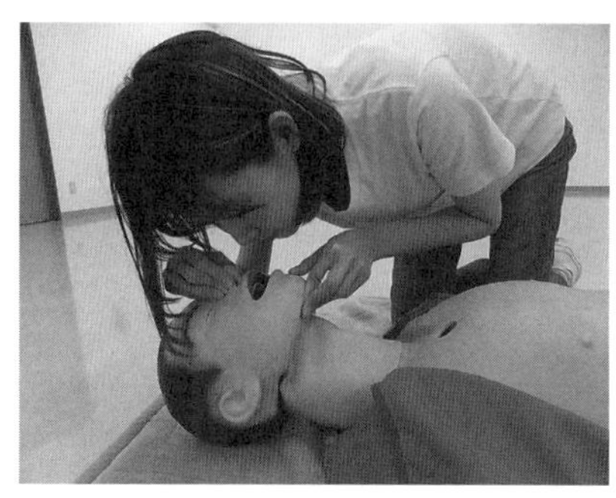

⑬鼻をつまんで口に口を当て２回息を吹き込む

図３
胸が少し上がる程度に息を吹き込む

倒れている人の口から大量の出血があったり口が汚れている、感染防止するものを持っていないなど、人工呼吸がためらわれる場合は、人工呼吸を省略します。

8）胸骨圧迫と人工呼吸

胸骨圧迫を30回行った後に、**人工呼吸を２回**行います。この30対２のサイクルを、救急隊に引き継ぐか、倒れている人が動き出し普段どおりの呼吸に戻り回復するまで行います。

救助者がほかにもいる場合は、胸骨圧迫を１～２分で**交替し**（⑭）、疲労を軽減させます。

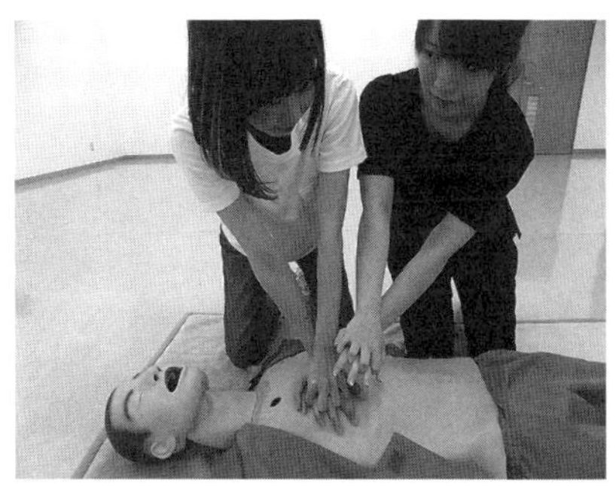

⑭１～２分で交替する

9）AEDの到着と準備

AEDが到着したら、倒れている人の近くに置き電源を入れます（⑮）。AED本体からガイダンスが流れるので、指示にしたがって操作します。

倒れている人の服を取り除き、胸を出します。胸が濡れていれば、タオルなどで拭き取ります。

電極パッドを袋から取り出して、電極パッドに記載されている位置に電極パッドを貼ります。機種によっては、電極パッドを貼った後に電極パッドのケーブルを差込口に接続するものもあります。

電極パッドを貼っている間も胸骨圧迫は続けます（⑯）。

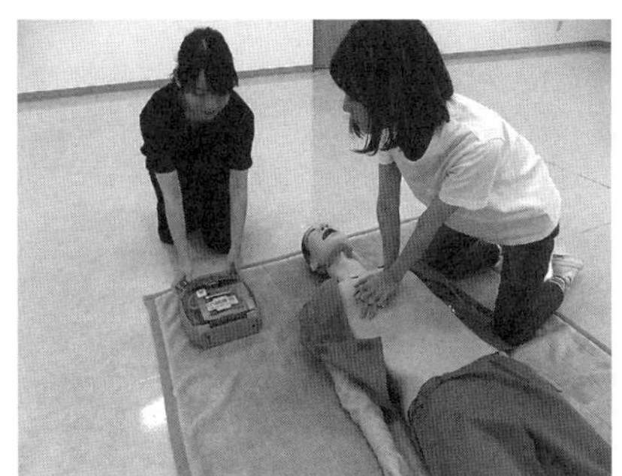

⑮ AEDの電源を入れる

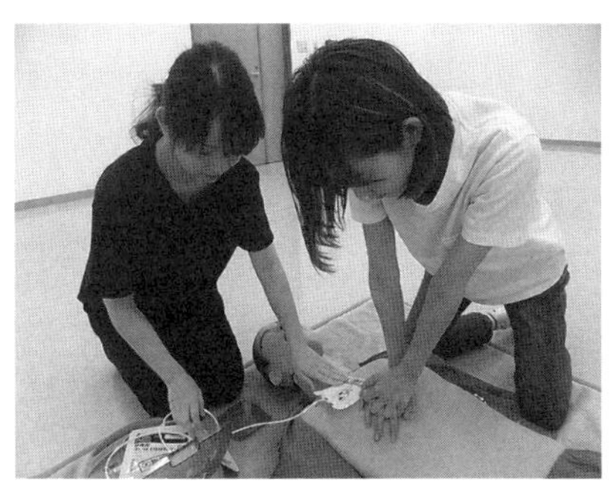

⑯電極パッドを貼っている間も胸骨圧迫は続ける

10）心電図の解析

電極パッドを貼り終えると、「体から離れてください」とガイダンスが流れAED本体が心電図の解析をはじめます。心電図の解析中に体に触れると、正確に解析されないことがあるため、指示にしたがって倒れている人から離れるように注意を促します。

11）電気ショック*

解析後、AEDが電気ショックを必要と判断すると、「ショックが必要です」とガイダンスが流れ、次に、「ショックボタンを押してください」とショックボタンが点灯します。「ショックを実施します。離れてください！」と注意を促し、周りにいる人が倒れた人に**触れていないことを確認**（⑰）してショックボタンを押します（⑱）。

「電気ショックは必要ありません」とガイダンスが流れた場合は、**直ちに胸骨圧迫を再開**します。

＊ショックボタンがなく放電を自動で行なう「オートショック」のAEDが2021年に発売されました。ボタンを押すストレスがないので、これから買い替えが進んでいくでしょう。

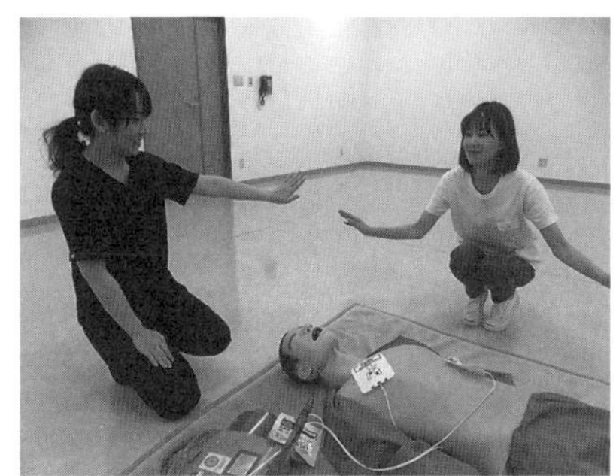

⑰離れていることを確認する

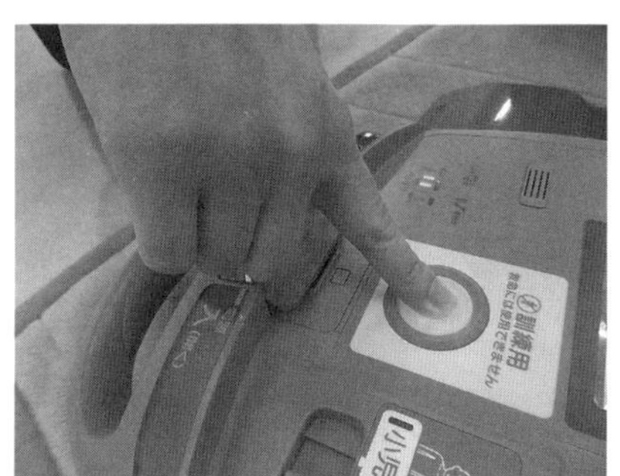

⑱ショックボタンを押す

12）心肺蘇生法（胸骨圧迫と人工呼吸）を再開

AEDのガイダンスにしたがって胸骨圧迫と人工呼吸（30対２のサイクル）を**再開**します（⑲）。２分後に再びAEDが自動解析を行うので、ガイダンスにしたがって行動します。

救急隊が到着したら、倒れていた人の状況、心肺蘇生法とAEDの実施の有無・実施回数などわかる範囲のことを伝え、救急隊の指示にしたがって行動します。

心肺蘇生法は、救助隊に引き継ぐまで、もしくは正常な呼吸やしぐさを認めるまで続けます。

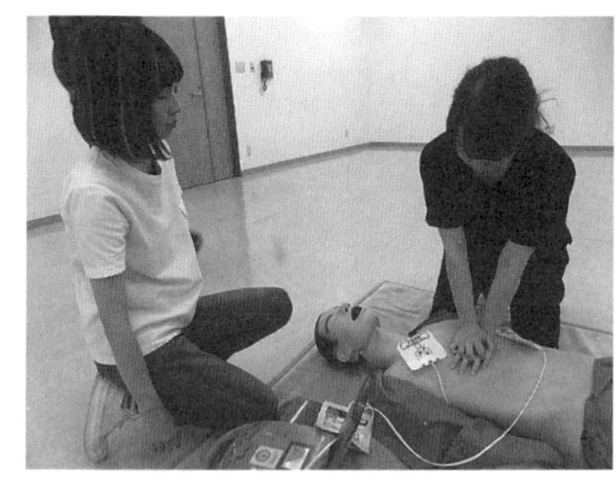

⑲胸骨圧迫と人工呼吸を再開する

4 解　説

１）中学生までは人工呼吸をする（図４）

思春期までの小児では人工呼吸を行った方が生存率が高くなります。おおまかに、「中学生までは人工呼吸必要、高校生以上では人工呼吸不要」です。

ただし、溺水や窒息では年齢に関係なく人工呼吸は絶対必要です。

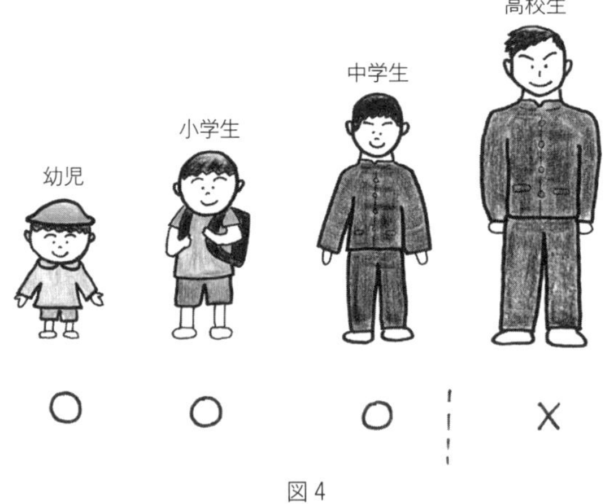

図4
中学生までは人工呼吸が必要、高校生からは不要

2）未就学児では小児用 AED を使用*

未就学児では AED に小児と成人の切り替えスイッチがついている場合は、スイッチを小児に切り替えて使用します（⑳）。また、小児用の電極パッドがあればそれを使用します。両方とも**なければ成人用**の AED を使用します。

小学生以上なら成人用を使用します。

＊新しい AED は、スイッチの表記が「小児→未就学児」、「成人→小学生～大人」に変更になっています。

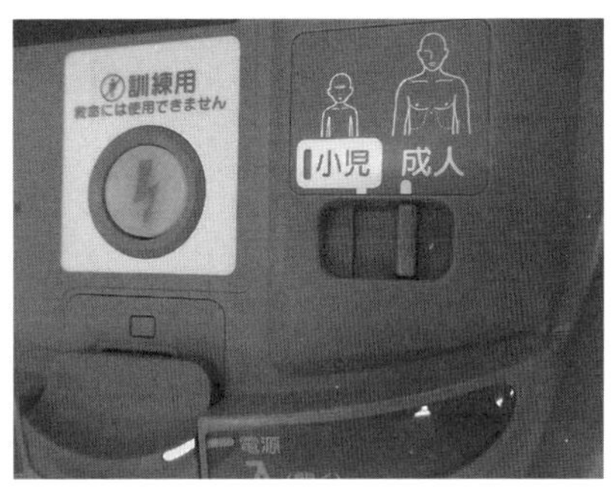

⑳小児の切り替えスイッチがある機種

3）患児が動くか救急隊に引き継ぐまで蘇生を続ける

患児が動くか救急隊に引き継ぐまで、電極パッドは貼ったまま胸骨圧迫と人工呼吸を継続します。

こんなことがありました

グラウンドで体育祭に向けた全校練習中、突然、男子生徒が倒れました。倒れる10分前から120mのジョギング、続けて大縄跳びの練習をしていました。男子生徒が倒れた時、周りにいた生徒が気づき、体育科の教員が駆けつけました。教員は脈拍や呼吸が弱いことから、校舎内にいる養護教諭を呼ぶように周囲に叫びました。まもなく心停止状態となったため、救急車要請と、AED を持ってくるように呼びかけました。心停止になった直後から体育科の教員が胸骨圧迫を開始し、心停止から約15分後に AED を使用しました。その後も胸骨圧迫を続け、2回目の AED は不要で生徒の呼吸、脈拍が戻りました。養護教諭は1回目の AED を使用した後グラウンドに到着し、脈を取りながら声をかけました。心停止から約20分後、救急車が到着し、ドクターヘリで医療機関へ搬送されました。救急車到着時には生徒の意識は戻っていました。

---

2 気道異物

食事中に食べ物などが喉に詰まってしまい、呼吸困難を訴えている場合は気道異物を疑います。気道が完全に閉塞しているか、わずかでも気道が通っているかで処置は異なります。

喉を両手で押さえるのが気道異物のサインとされていますが、胸をたたいたり、口の中に指を入れたりする場合もあります。

1 フローチャート

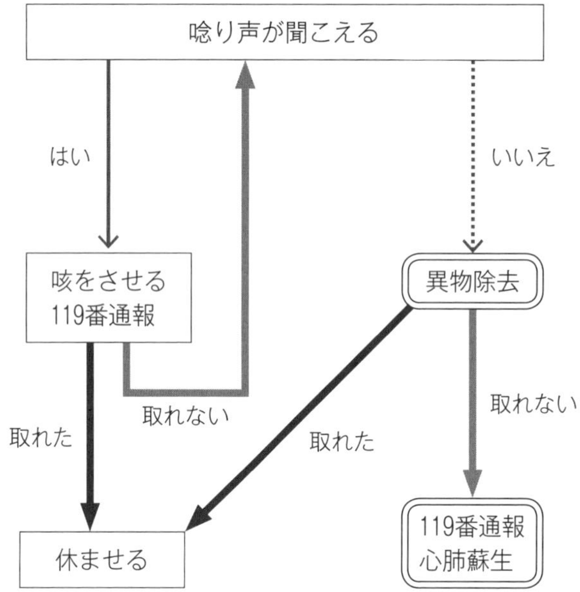

2 判断のポイント

Point 1 • 唸り声が聞こえるなら咳をさせる（①）

唸り声が聞こえるようなら、まだ気道は通っています。患児に咳をするように促し、速やかに119番通報します。

①唸り声が聞こえるなら咳をさせる

Point 2 • 完全閉塞ならすぐ除去術

気道が完全に閉塞している場合は、最優先で除去を試みます。119番通報はその後です。

Point 3 • 意識がなくなったら心肺蘇生

意識がない、または応急処置の途中に反応がなくなった場合は119番通報し、AEDを手配して、胸骨圧迫と人工呼吸を開始します。

3 処　置

異物除去の方法として、現在は2つの方法が推奨されています。

1）背中をたたく（背部叩打法）

第一選択は背中をたたく方法です（③）。肩甲骨の間を、強く連続してたたきます。患児が乳幼児の場合は膝に乗せて頭を下げるか、横に寝かせて背中をたたきます（④）。

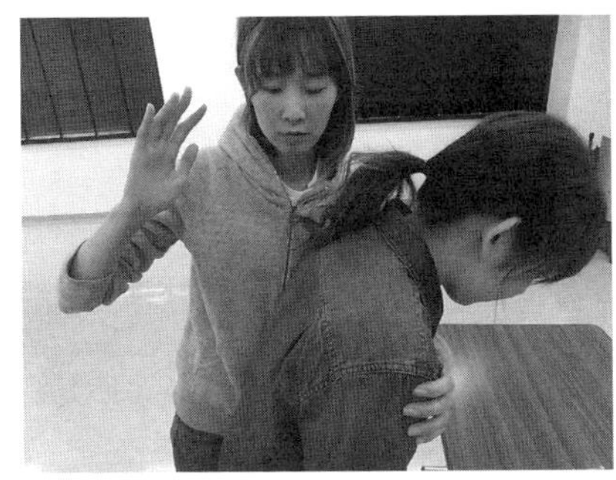
③背部叩打法

④乳幼児では膝に乗せて頭を下げるか、横に寝かせて背中をたたく

2）腹部を突き上げる（腹部突き上げ法）（②）

背部叩打が無効なら、救助者は、気道異物が疑われる人の後ろから抱えるように腕をまわし、片手で握りこぶしをつくり、みぞおちの下方に当て、もう一方の手で別の手の握りこぶ

しを握り、素早く**手前上方へ圧迫**するように引き上げる方法です。

・妊婦や乳児には実施できません。
・腹部圧迫を実施した場合は、臓器損傷の可能性もあるので医療機関を受診します。

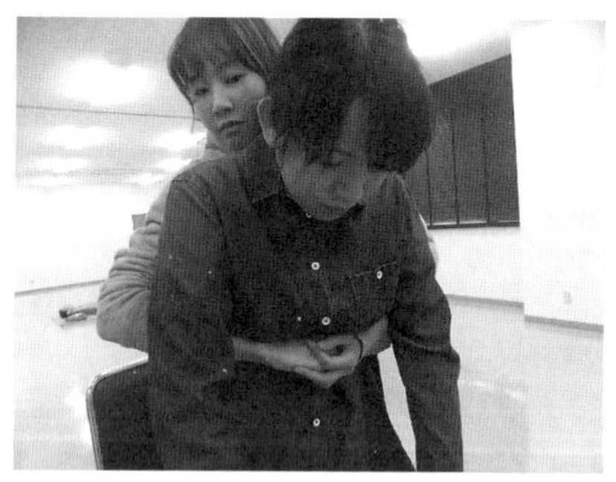
②腹部突き上げ法

4 解　説

1）気道が通っているなら触らない

気道異物の応急処置で最も効果的な方法は本人に**咳をさせて**解除することです。ウーウーと唸っている人の腹を押したり背中をたたいたりすると、食べ物が落ち込んで完全に気道が閉塞する可能性があります。咳をするように促し、119番通報をして、励まします(⑤)。

⑤唸っているなら触らず励ます

2）すべての方法を試す

推奨されている2つの方法（腹部突き上げ法、背部叩打法）以外にも多くの方法があり、その**効果に優劣はありません**。1つの方法で異物が除去されることは通常なく、思いつく限りの方法を行います（図1）。

口を開けて異物が見える場合、すぐ近くにあって確実に除去できる場合に限り除去を試みます（⑥)。除去作業でかえって押し込むことがあるので、慎重に判断します。

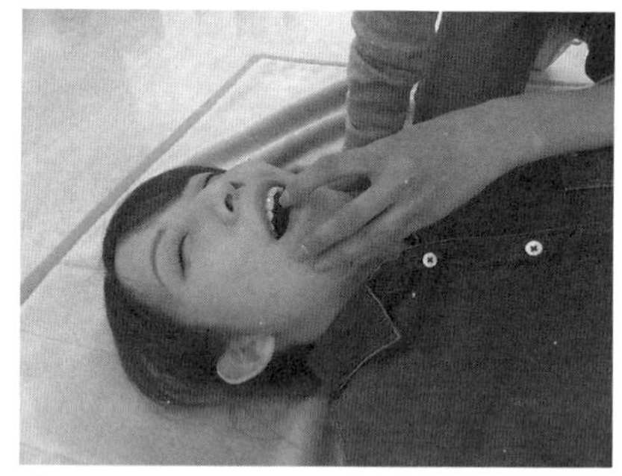
⑥確実に除去できる場合だけ除去を試みる

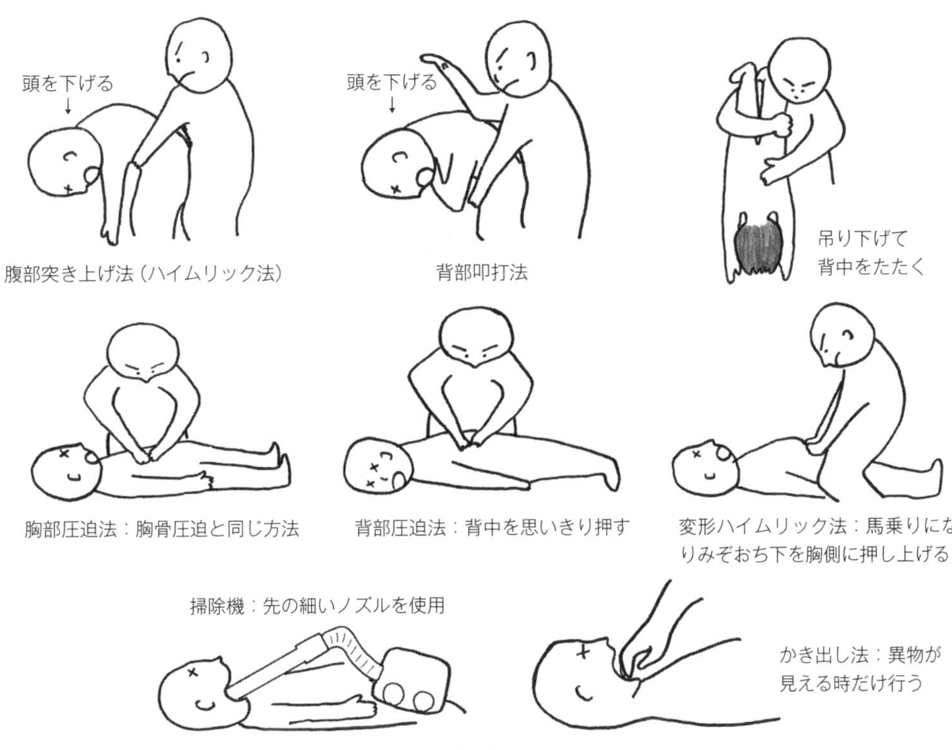

図1
今までに報告のあった異物除去法

豆知識

掃除機の使用については症例報告は多数ありますが、理論的な検証は行われていません。

3）意識がなくなったら心肺蘇生

意識がなくなったら**胸骨圧迫と人工呼吸**を開始します。窒息では人工呼吸は必須です。また、定期的に口の中をのぞいて、異物が出てきていないか確認します。出てくれば取り除きます。

こんなことがありました

私が5歳くらいの頃、大きな飴を舐めていた時、大きく息を吸った拍子に飴がスポッと喉に詰まりました。突然息が吸えなくなった驚きと苦しさでパニックになり、近くにいた父に助けを求めたかったのですが、まったく声が出ませんでした。

幸い、父は私の異変にすぐに気づきました。そして、喉を押さえて苦しんでいる様子から、何かを喉に詰まらせたと判断して私を逆さにして背中を何回もたたいたところ、飴がコロンと落ちてきたそうです。あのまま窒息死していたらと考えると恐ろしいと父から聞かされました。

---

3 アナフィラキシーショック

アナフィラキシーとは、アレルギー反応のうち複数の臓器にアレルギー症状が出る重症のアレルギー反応をいい、アナフィラキシーショックとは、アナフィラキシーによりショック症状*が発現したことをいいます。原因物質との接触から５分以内に26%が、30分以内に56%が発症します（Clin Exp Allergy. 2000 Aug；30（8）：1144-50.）。通常は皮膚症状に加えて、呼吸器症状と循環器症状のどちらか、もしくは両方が加わります。まれに皮膚症状を欠いて消化器症状や血圧低下だけが出現する場合もあります。

重症度は、原因物質の曝露から発症までの時間に反比例します。すぐに症状が出るほど重篤であり、死亡例の半数は曝露から30分以内に死亡しています。

1 フローチャート

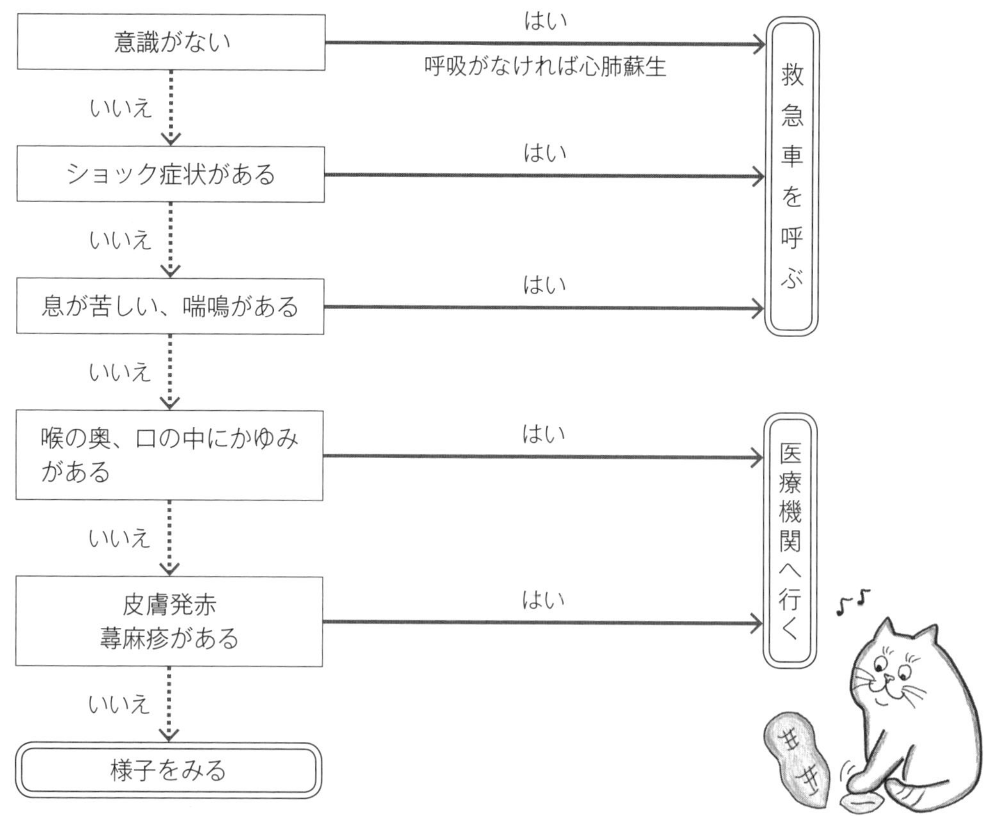

用語解説 **ショック症状（そ・れ・き・み・こ）**

血圧が低下して血液が体に十分に行き届かなくなった時に起こる症状をまとめたもの。

典型的な症状） ㋞顔面蒼白　㋹冷感　㋖虚脱　㋯脈拍微弱　㋙呼吸促迫

2 判断のポイント

Point 1 ● 救命の第一歩は疑うこと

アナフィラキシーショックの可能性を少しでも疑えば、エピペン®や救急車などの処置・要請ができるようにします。

Point 2 ● 疑えばエピペン®を注射

小児ではエピペン®の副作用はありません（Int Arch Allergy Immunol. 2017；173：171-7.）。アナフィラキシーショックを少しでも疑えば、速やかに注射します。

豆知識

平成25年度文部科学省の調査では、食物アレルギー患者は小学生から高校生までを合わせて4.5%、アナフィラキシーの既往を持つ割合は0.5%です。アナフィラキシーの既往患児の55%がエピペン®を所有しています。

3 処　置

1）エピペン®を持っている場合

患児がエピペン®を処方されている場合は、手順にしたがって速やかに注射します。

手順

①カバーキャップを回しながら外して、エピペン®を取り出す（①）。

※写真ではエピペン®トレーナー（練習器具）を使用しています。

②オレンジ色の先端を下に向けるようにして、片手で持つ（②）。

One point 「誤注射に注意」オレンジの先端に指を当てないように注意します。

③もう片方の手で安全キャップを外す（③）。

One point 安全キャップは使用時まで外しません。

④太ももの前外側に、オレンジの先端が垂直になるようにして、「カチッ」と音がするまで

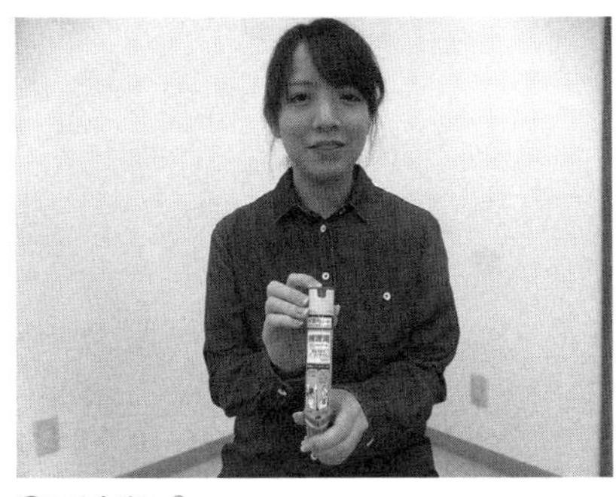

①エピペン®

②オレンジ色の先端を下に向けて片手で持つ

強く押しつけ、数秒間待つ（④）。

One point 衣服の上からでも注射可能です。

⑤エピペン®を抜き取り、注射したところを数秒間もむ（⑤）。

⑥エピペン®の先端のオレンジが伸びていることを確認する（⑥）。

One point 先端が伸びていないようなら、安全キャップの外し忘れか押す力が足りないので、もう一度手順を繰り返します。

⑦使用済みのエピペン®をケースに戻す。

One point 先端が伸びているので全体は収容できません。

⑧使用済みのエピペン®と安全キャップを救急隊に渡すか医療機関へ持参する。

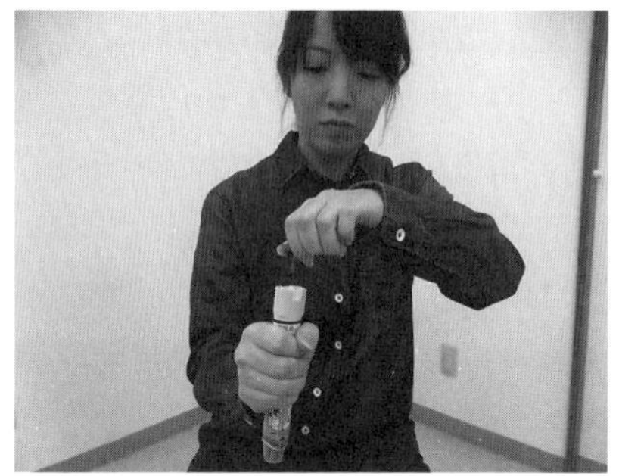

③安全キャップを外す

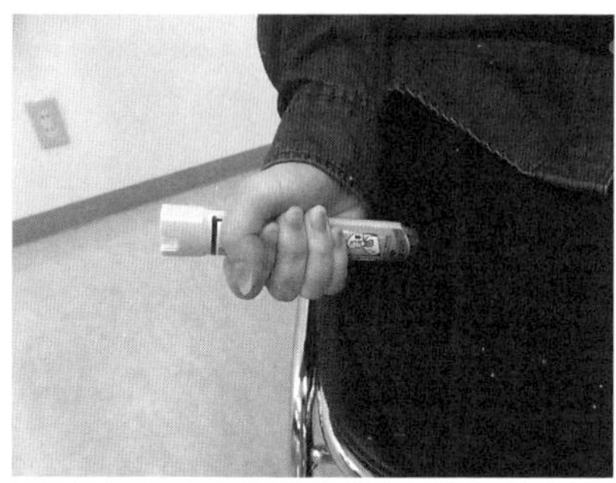

④垂直に強く押しつける

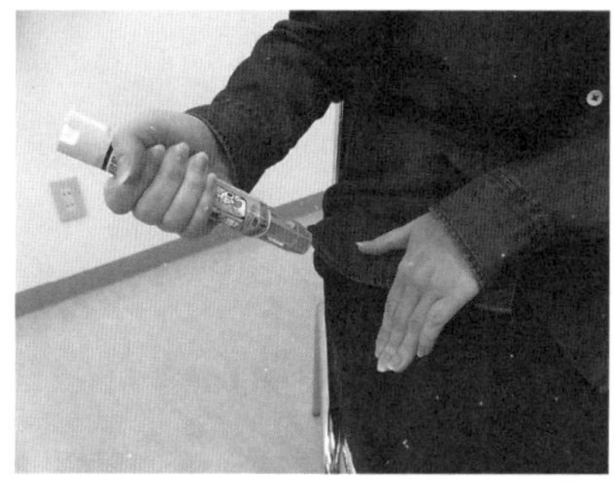

⑤エピペン®を抜き取り、注射したところを数秒間もむ

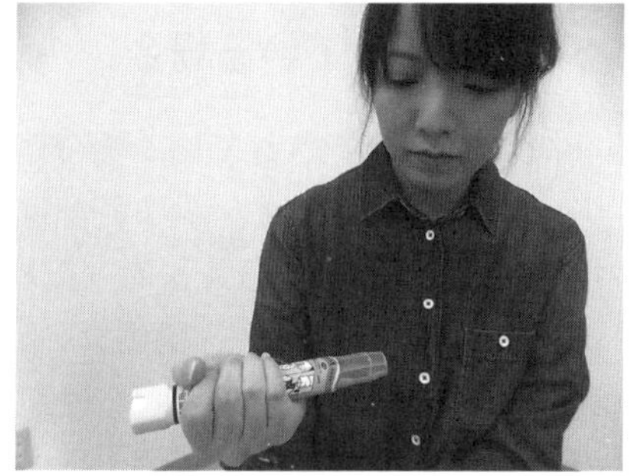

⑥先端のオレンジが伸びていることを確認する

2）エピペン®を持っていない場合

患児が最も楽な姿勢を取らせます（⑦）。

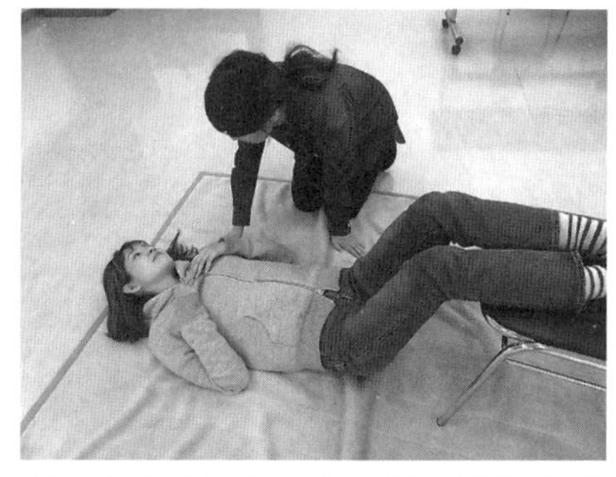

⑦エピペン®を持っていなければ楽な姿勢を取らせる

4 解 説

1）症状は広く進行は急激

アナフィラキシーの症状はさまざまで、複数の臓器に渡って急速に現れます。症状は次のとおりです（表1）。

表1 アナフィラキシーの症状

皮膚症状	蕁麻疹、発赤、かゆみ、むくみ、唇の腫れ
消化器症状	頻回の嘔吐・下痢、強烈な腹痛
呼吸器症状	喉や胸の締めつけ感、止まらない咳、声のかすれ、ゼイゼイ・ヒューヒュー、犬の遠吠えのような咳、吸えるが吐けない息
循環器症状	血圧低下

腹痛や嘔吐・下痢などの消化器症状は食あたりと間違われやすいため、注意が必要です。

アナフィラキシーによる死亡例の半数は、アレルゲン（アレルギーの元）を摂取してから**30分以内に死亡**しており、30分間の行動が生死を分けます。アナフィラキシーを疑ったら、エピペン®を持っていれば救急車を呼んですぐエピペン®を注射し（図1）、持っていなければ救急車を呼んで患児を寝かせ足を上げます（図2）。喘息が起きている場合は座位を望むことがあるので、その時は本人の希望のとおりにします。

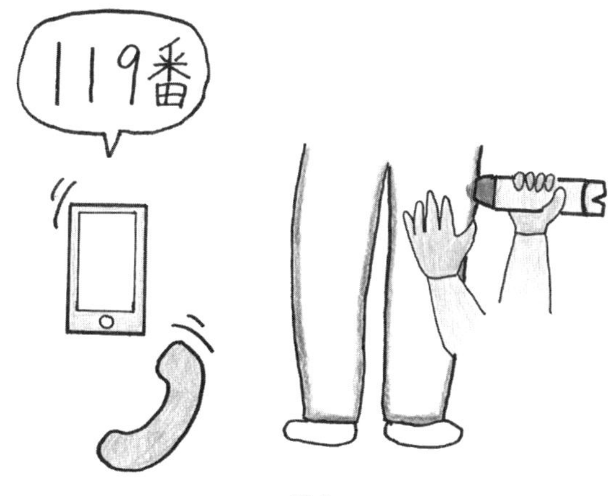

図1
エピペン®を持っていれば救急車を呼んですぐエピペン®を注射する

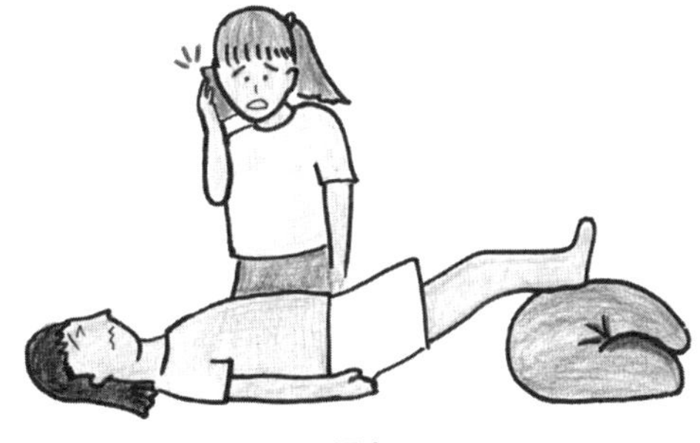

図2
救急車を呼んで足を上げる

2）エピペン®は15分しか持たない

エピペン®を注射してもアナフィラキシーは治りません。

エピペン®の有効時間は**15分**で、その後は症状が再発します。症状がぶり返してきたら、可能であれば医療機関に到着するまでにもう1本使うようにします。

3）エピペン®を使うタイミング

「これは**大変なことになりそう**」と思った時に使います。症状はその人毎に決まっていることが多く、多くの場合この先どうなるか予測が可能です。エピペン®を使用することで82.2%に症状の改善がみられます。

本人が嫌がっても命を救うためと思って押さえつけて打ちます（図３）。

図３
押さえつけてでも打つ

豆知識

アナフィラキシーガイドライン（一般社団法人日本アレルギー学会、2014、p. 14）によれば、エピペン®を持っている患児では、中等症以上の症状（全身の蕁麻疹、自制できないかゆみ、顔全体の腫れ、咽頭痛、強い腹痛、嘔吐、下痢、断続的な咳、頻脈、血圧低下、頭痛、恐怖感など）でエピペン®を使用するとしています。

4）エピペン®が効かない・症状がまた出てきた場合

可能であれば**もう１本**打ちます（JRC 蘇生ガイドライン2020、第８章ファーストエイド、p. 340）。

5）運動誘発アナフィラキシー

運動が引き金となってアナフィラキシー症状が起きる病気を運動誘発アナフィラキシーといいます。運動の数時間前に食事をすることで起こるものを食物依存性運動誘発アナフィラキシーといい、小麦や甲殻類が主な原因食物です。原因食物を食べなければ起きないので、すべての運動を禁止する必要はありません。

こんなことがありました

中学2年生の女子生徒が、朝食に食パンと果物（オレンジ）を食べて登校しました。朝学活後、「唇が何か変」といって来室しました。その時点では、少し腫れがみられる程度でしたが、話をしている間に唇がみるみる腫れてきたため、保護者に受診をすすめるため連絡をしました。連絡がつかない間、唇を冷やして連絡が取れるのを待ちましたが、目の周りも赤くなってきたため、管理職に相談し、受診しました。検査の結果、柑橘系の果物にアレルギーがあることがわかりました。本人も保護者も、そこではじめて知りました。

アナフィラキシー教育

アナフィラキシー対応で最も難しいのは、アナフィラキシーに気づくことです。症状をイラストにしたオーストラリアアレルギー学会のポスターを示します（図4）[1)]。

その後は（公財）日本学校保健会などのアクションカード[2)]にしたがってください。

1）https://www.allergy.org.au/images/stories/anaphylaxis/2021/ASCIA_First_Aid_Anaphylaxis_A3_poster.pdf
2）https://www.gakkohoken.jp/book/ebook/ebook_R010060/action_card/ac-partAll.pdf

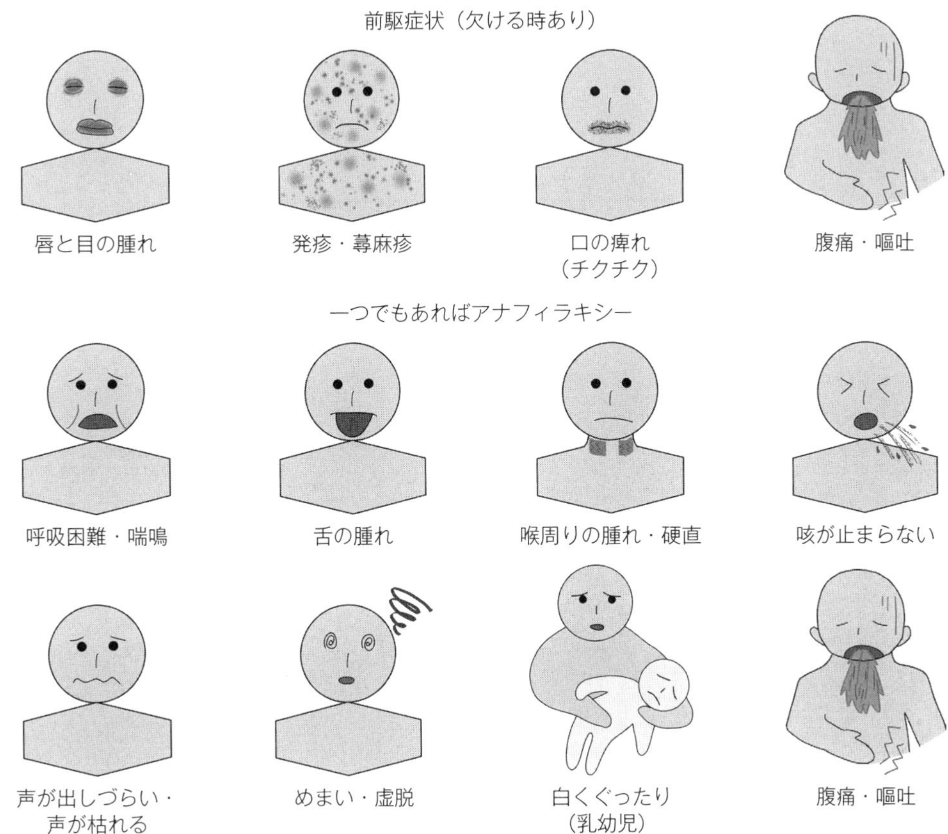

図4
アナフィラキシーの症状一覧

4 熱 中 症

熱中症は、軽症の場合では水分と塩分を補給することで回復します。重症の場合では、いかに早く体温を下げるかで生死が分かれます。

1 フローチャート

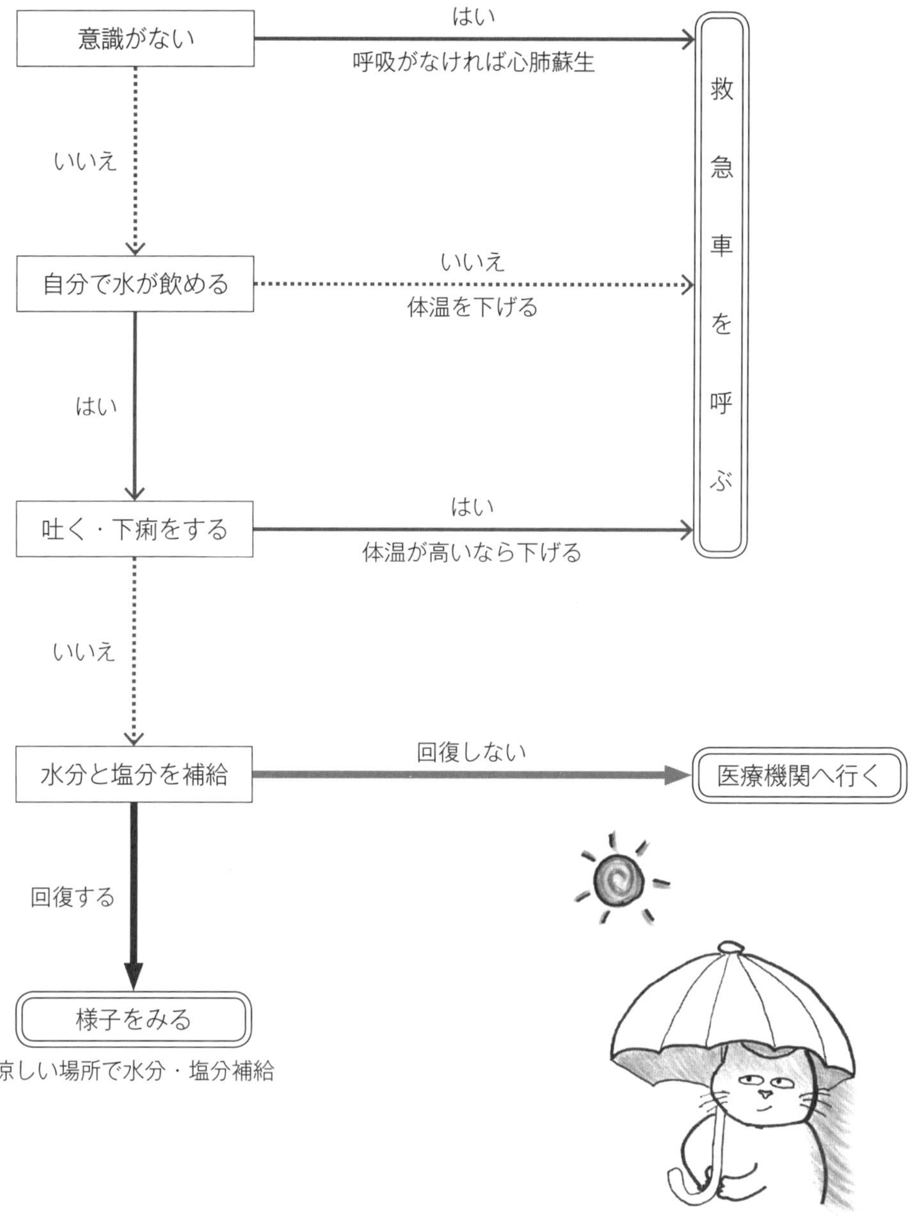

2 判断のポイント

Point 1 ● 自分で水が飲めるか（①）

自分で水分を摂ることができるなら、涼しいところで安静にしていれば回復します。焦ることはありません。

意識障害や痙攣を起こしている場合は、すぐに救急車を呼びます。

①自分で水が飲めるか

Point 2 ● 飲めてもすぐ吐くか下痢をするなら救急車（②）

自分で水分を摂ることができても、すぐに吐いてしまったり下痢をする場合は、医療機関で治療することが必要です。救急車を呼びます。

Point 3 ● 高体温なら強制冷却（③）

高体温になり意識障害がある人が後遺症を残さずに回復するかどうかは、**どれだけ速く体温を下げることができるか**にかかっています。すぐに救急車を呼び、救急車が来るまでの短時間であっても、積極的に冷却します。

②吐くか下痢をするなら救急車を呼ぶ

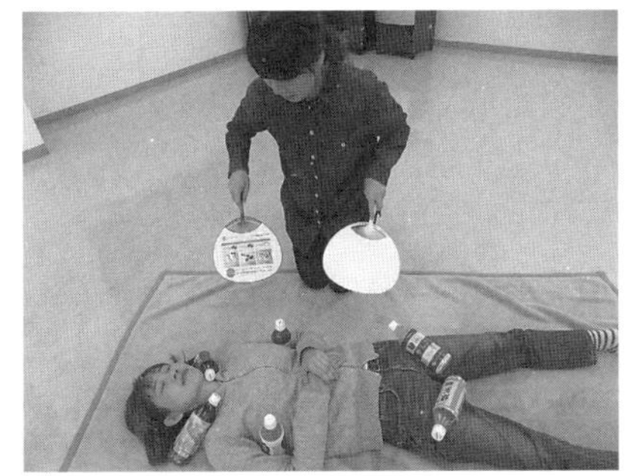
③高体温なら強制冷却

3 処　置

1）高体温の場合

短時間であっても積極的に**冷却**します。

①氷水に浸ける方法（図１）

風呂に氷水を張って体温を下げます。この方法は最も効果があります。

②水道の水をかける方法（図２）

水道の水をホースを使ってかけ続けます。扇風機も併用します。**体をマッサージ**すれば皮下の血管が広がってさらに冷却効果が上がります。
③動脈を冷やす方法（図３）
　頸動脈など体表に近い動脈を氷嚢で冷やします。屋内であれば冷房の設定温度は最低にして、扇風機も併用します。この方法はよく知られていますが、**あまり冷えません**。

図１
氷水に浸ける方法：最も効果的

図２
水道の水をかける方法：学校ですすめられる方法

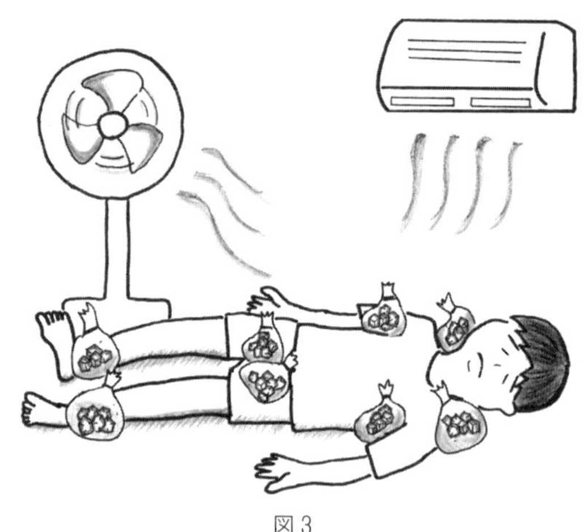
図３
動脈を冷やす方法：あまり効果はない

２）自分で水分を摂ることができる場合

①好きなものを飲ませる（④）
　スポーツドリンクや経口補水液、オレンジジュースなど本人の望むものを飲ませます。
②休ませる（⑤）
　暑さを訴えている場合は涼しいところで衣服を緩め、濡れタオルをかける、うちわであおぐなど、体を冷やして休ませます。寒さを訴えている場合は温めます。

④本人の望むものを飲ませる

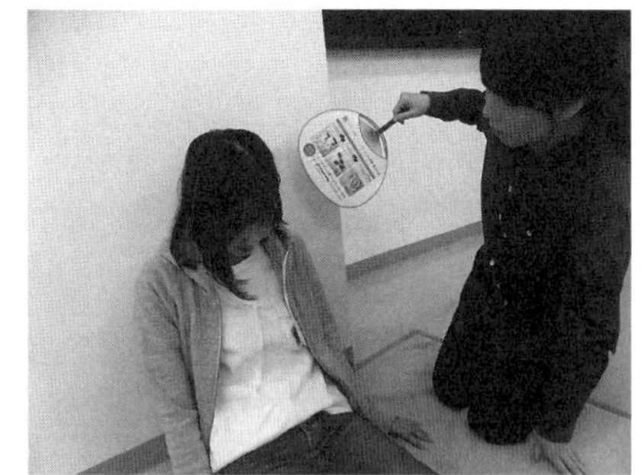
⑤涼しいところで衣服を緩め休ませる

③様子をみる

顔色が悪い場合は、足を30cm程度高くした状態で寝かせ、様子をみます。回復しない場合は医療機関を受診します。

4 解説

1）熱中症の分類

熱中症の症状は、重症度によって次のように分類されます（表１）。Ⅱ（中等症）では医療機関受診の、Ⅲ（重症）では救急車の対象です。

表１　熱中症の分類

Ⅰ	軽　症	熱失神	めまいや失神　⇒　寝かせることで回復
		熱痙攣	手足や腹筋のひきつれ　⇒　塩分の摂取で回復
Ⅱ	中等症	熱疲労	脱力感・だるさ・頭痛・吐き気　⇒　水分補給で回復。水分を摂れなければ救急車
Ⅲ	重　症	熱射病	40℃以上の高体温と意識障害　⇒　救急車。死亡率高い。救急車が来るまで強制冷却

2）予後は体温で決まる

熱中症では体温が**高くなる**ほど、また体温を下げるのに要した**時間が長い**ほど、死亡したり後遺症が残る割合が高くなります。2012（平成24）年の国内統計では、後遺症なく回復した例では、体温を38℃に戻すまでの時間が平均120分だったのに対して、後遺症が残った例では230分かかっています（図４）。高体温の場合は、短時間でも積極的に冷却することが重要です。

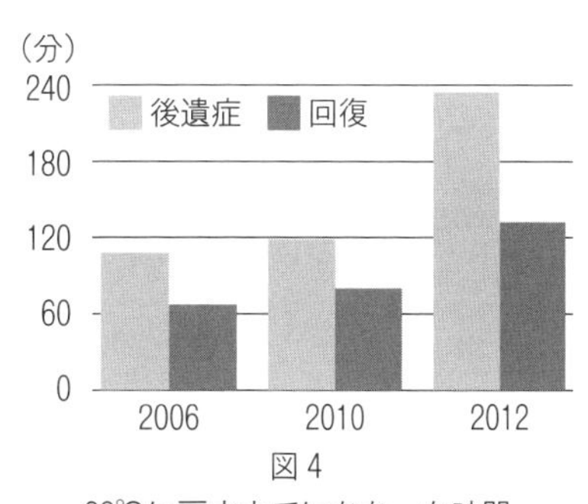

図４
38℃に戻すまでにかかった時間
（JJAAM2011；22：312−8）

2）水分補給の仕方

水分補給では、喉が渇いたら飲む方法と、時間を決めて飲む方法があります。

若年者の場合は**渇いたら飲む**ようにします。指導者は自由に水分を摂取できる環境を整えます。時間を決めて飲むのは口渇を感じづらい高齢者にすすめられる方法です。

3）好きなものを飲ませる（⑥）

水や牛乳などに比べて、スポーツドリンクや経口補水液の方が脱水に効果があると考えられがちですが、そういった報告は、予防効果、治癒効果とも**にありません**。患児がお茶を欲しがればお茶を、ジュースを欲しがればジュースを飲ませます。経験上、熱中症の患者では塩分の入ったものを欲しがります。

⑥好きなものを飲ませる

4）暑さ指数を活用する

熱中症予防の基準として、環境省ホームページに「**暑さ指数**（WBGT）」が掲載されているので運動の参考にします。暑さ指数が28℃を超える時は熱中症にかかりやすくなるので注意が必要です。

暑さ指数を示す携帯温度計が安く市販されていて、学校ごとに購入する自治体もあります。

5）運動は様子をみてから

軽症であったとしても、熱中症は中枢神経系の異常によって症状が引き起こされているため、運動への復帰は１、２日様子をみて判断します。軽い運動からはじめて、大丈夫なようであれば徐々に運動量を増やしていきます。

こんなことがありました

中学校の運動会で急に女子生徒がテントで倒れてしまいました。その日の気温は30℃を超えており、水分を補給することができず、ぐったりして反応も良くないことから熱中症を疑い、救急車を呼ぶことにしました。担架で保健室へ移動し救急車を待ちました。医療機関で処置をしてもらい、元気に回復しました。普段から、夜更かしで生活リズムを崩しがちな生徒であったので、後日、生活リズムを整えるよう個別に指導しました。

---

5 溺 水

溺水は意識があるうちに発見されれば後遺症を残さず完治しますが、水に沈んだ状態で発見された場合は、生存できたとしても重篤な後遺症を残します。

1 フローチャート

2 判断のポイント

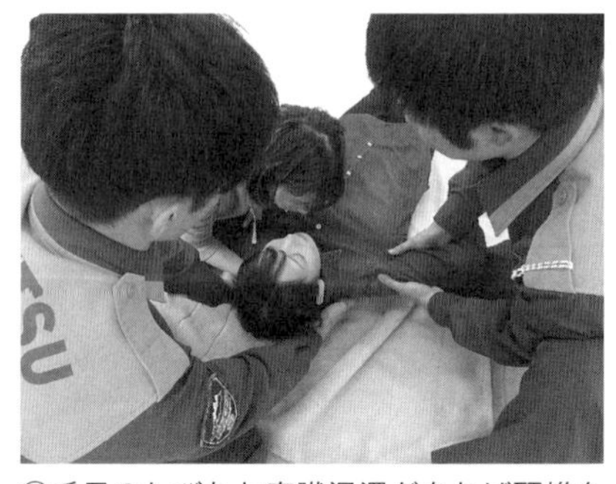
①手足のしびれと意識混濁があれば頸椎を固定する

Point 1 ● 意識がなければすぐ人工呼吸

意識がなければ、水面に引き上げた直後に人工呼吸をします。人工呼吸なしでは助かりません。

Point 2 ● 手足のしびれがあれば頸椎固定*

頭から飛び込むなどして首の骨を折ってしまうことがあります。手足のしびれと意識混濁があれば首を固定します（①）。

＊ JRC 蘇生ガイドライン2020では、固定について「推奨も否定もしない」（p. 366）としています。意識障害のない患児に対しては固定は不要です。

3 処　置

1）意識がない場合

呼びかけに反応しない場合は、水中のその場で**すぐに人工呼吸を 3 回**行います（図 1）。岸などに引き上げるまで、人工呼吸を続けます。

図 1
呼びかけに反応しない場合は、その場ですぐに人工呼吸を 3 回行う

2）意識がはっきりせず手足のしびれがある場合

誰かに頭を持ってもらう（②）か、タオルで頭の左右を押さえて首を固定します（③）。

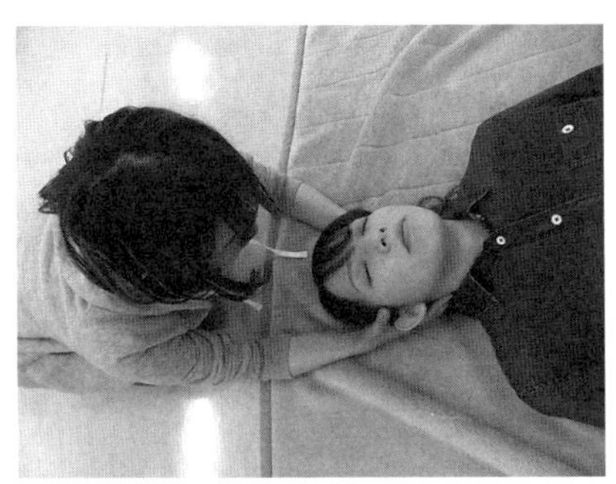
②手で頭を持つ方法

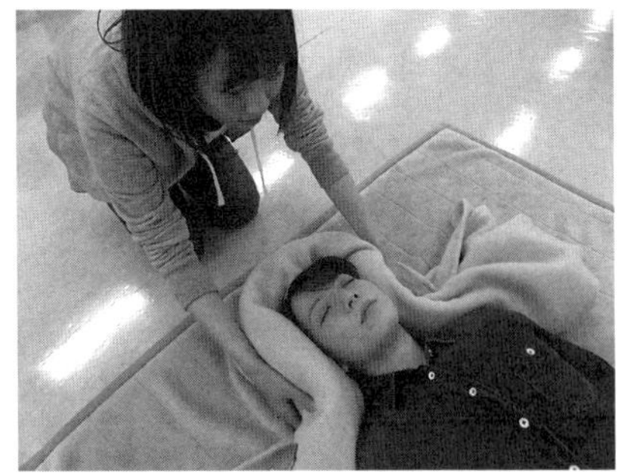
③タオルで頭の左右を押さえて首を固定する方法

4 解 説

1）どこでも起こりうる

溺水は、流れの速い川や海の深みにはまる、プールなどで起こるとは限りません。浴室や洗面器、水たまりなど、顔を覆う深さがあればどこでも起こりうる事故です。

高齢者と乳幼児では浴槽での溺水が最も多く、学童期ではプールや海、湖での溺水が最多となっています。

救急隊によっても心拍が再開せず、医療機関に搬送された場合の予後は絶望的です。

豆知識

2016（平成28）年に14歳以下で溺水で亡くなったケースは68名でした（消費者庁：子供の事故防止に関する関係府省庁連絡会議、2017年10月30日）。４歳までは浴槽内での溺死が多く、５歳以上では屋外での溺死が多くなります。

2）溺れる時は静かに沈む

一般的に、溺れる時はバタバタもがくと考えられていますが、音を立てずに**静かに沈んでいく**のが正しいようです（図２）。

溺れる時は呼吸をすることに精一杯で、声は出せません。空中で手を振る余裕もなく、水をかいて口を空中に出すだけです。「目に見えない梯子を登ろうとしている」と形容されます。そして、力尽きるとそのまま沈んでしまいます。

図２
溺れる時は音を立てずに沈む

3）一刻も早く人工呼吸を

溺水では**人工呼吸が絶対必要**です。沈んでいる患児を水面に引き上げた時点ですぐ人工呼吸を行い、引き上げまで続け、引き上げたらすぐに胸骨圧迫を加えます。10分間以上水没していた場合と20分間蘇生をしても心拍が再開しない場合は、ほぼ確実に死亡します（Pediatr Emerg Care 1996；12：255-8.）。水温が低い場合や長時間水に浸かっていた場合は、保温を行います。

救出後や蘇生後に容体が一時的に回復しても、吸入した水によって二次溺水*を引き起こす場合があります。水を肺に吸入した可能性が否定できない場合は、医療機関で24時間は注意深く観察します。

用語解説　二次溺水
肺に水が入ることで、肺炎が引き起こされること。咳や呼吸困難からはじまります。

4）頸椎固定は意識状態を見て

プールなどで飛び込んだ際に、底で頭を打って頸髄を損傷することがあります。このような場合でも**真っ先に行うのは人工呼吸**で、次いで胸骨圧迫を行います。手足のしびれや首の痛みを訴える場合は、意識が完全にクリアな場合を除き頸椎固定して救急隊を待ちます。

こんなことがありました

ホテルのプールで泳いでいて、疲れたからやめようと足を底に着こうとしたら、深くて足が着きませんでした。慌てて背泳ぎにしようと思いましたが、浮くことができずぶくぶくと沈んでいきました。

死ぬ！　と思った時に、救助の人が助けに来てくれました（プールの監視員の人で、何も持たずに飛び込んできました）。あきらめていたのに、助けに来てくれた人にすごい勢いでしがみついてしまいました。すごい勢いでしがみついておきながら、「救助に行く時は浮き輪などないと助けた人も絶対に溺れる！」と実感しました。

プールサイドに引っ張ってきてくれて、その人はまた監視をしていました。私は、プールサイドで少し休憩しただけで大事には至りませんでした。

---

6 心臓震盪

胸に強い衝撃を受けた直後に致死的な不整脈（心室細動）となり、心臓が停止してしまう状態です。典型例は、野球の試合中に内野ゴロを捕球しそこねて胸に直接ボールが当たった選手が、一度は立ち上がったものの、その後倒れるというものです。

1 フローチャート

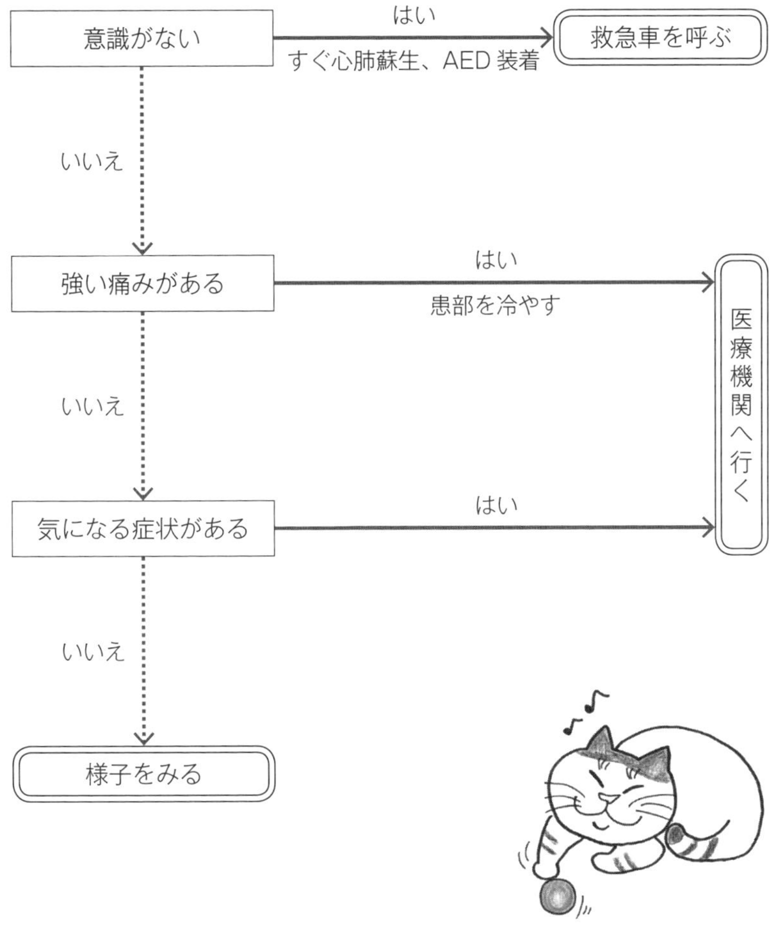

2 判断のポイント

Point 1 ● 胸にボールが当たった後、少しして倒れたか

心臓震盪を知っていれば、判断は容易です。

Point 2 ● すぐに心肺蘇生

心臓震盪に対して唯一の治療法は、AEDによる除細動です。

3 処　置

意識がなければ、AEDの準備と119番通報します。胸と腹の動きを確認し、呼吸をしていなければ胸骨圧迫と人工呼吸を開始します。若年者では死戦期呼吸*が高頻度でみられるので、惑わされないようにします。

AEDが到着したら一刻も早く放電に持っていきます（①）。

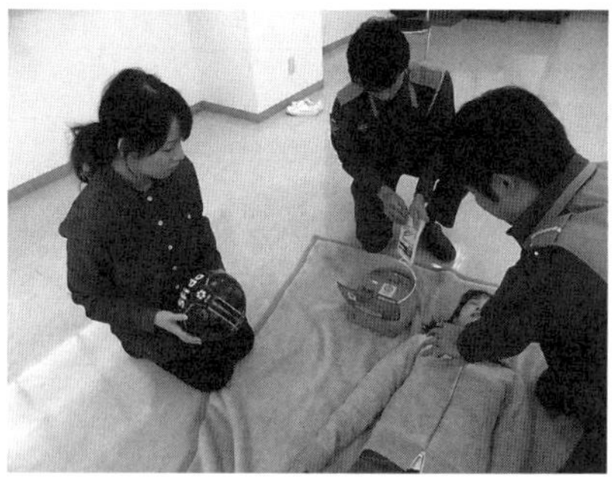

① AEDが到着したら一刻も早く放電に持っていく

用語解説　死戦期呼吸

心臓が停止した後に口をパクパクさせたり首を振るような動作をすることがあり（p. 11、図1参照）、これを死戦期呼吸といいます。

4 解　説

1）疫学

患者は、胸郭が固まりきっていない子どもに多く、年齢で見ると、４歳から18歳、平均15歳です。20歳以上の場合はけんかによるものです。95%は**男子**で、野球のボールが胸に当たって発症することが最も多く、患者数はアメリカで年間30人未満とされています。死亡率は現在でも50%程度あります（Commotio Cordis. StatePearls, internet, 2019年１月11日版）。

2）なぜ心臓震盪になるのか

胸郭に野球やサッカーのボール、膝などが当たると、それらが胸郭を押し下げることで心臓が変形します。この変形が致死的不整脈を引き起こし、心肺停止になります。

3）心臓震盪を防ぐために

胸当ては無効です。スポーツや日常で心臓震盪を防ぐためには、頭を危険から守るように前胸部も守る意識を持つことが大切です。また、指導者は心臓震盪という病態があることと、心肺蘇生法を知っておくことが必要です。

こんなことがありました

（国内の症例報告※より引用）

18歳、男性。フットサルの練習中、ボールを前胸部でトラップした際に倒れた。友人が鼓動を感じないため心停止と判断し、救急要請するとともに心肺蘇生を開始した。学校内のAEDで除細動され体動確認。通報から6分後に心拍再開が確認された。後遺症なく社会復帰した（※心臓 2013；45：88-92.）。

小児（思春期以前：だいたい中学生以下）と成人の心肺蘇生法の違い

一般市民が行う心肺蘇生法は小児も成人も変わりません。胸骨圧迫（心臓マッサージ）を行い、人工呼吸は技術と意思があれば行います。

医療従事者が行う心肺蘇生法は人工呼吸が入ります。学校の先生方は医療従事者ではないのですが、幼稚園から中学校までは人工呼吸を行なってください（図1）。今は新型コロナで先生も子どもたちもマスクをしていますので、それらを外さずにマスク越しに人工呼吸をします（図2）。

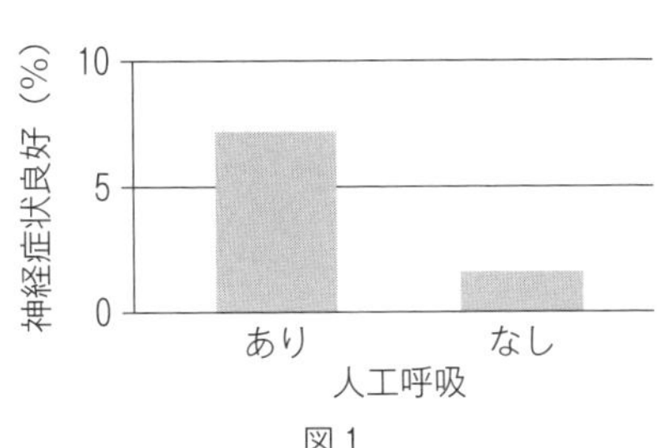

図1

人工呼吸の有無による1ヶ月後の転帰。日本人17歳以下5170例の検討。人工呼吸をした方が人工呼吸をしない場合に比べ神経学的に良好な患者割合が4.5倍になる（Lancet 2010 Apr 17；375（9723）：1347-54）

図2

先生も子どももマスクをしたまま人工呼吸をする

7 熱　傷

火気による熱傷と化学薬品による熱傷があります。火気では冷やすこと、化学薬品では洗うことが大切です。

1 フローチャート

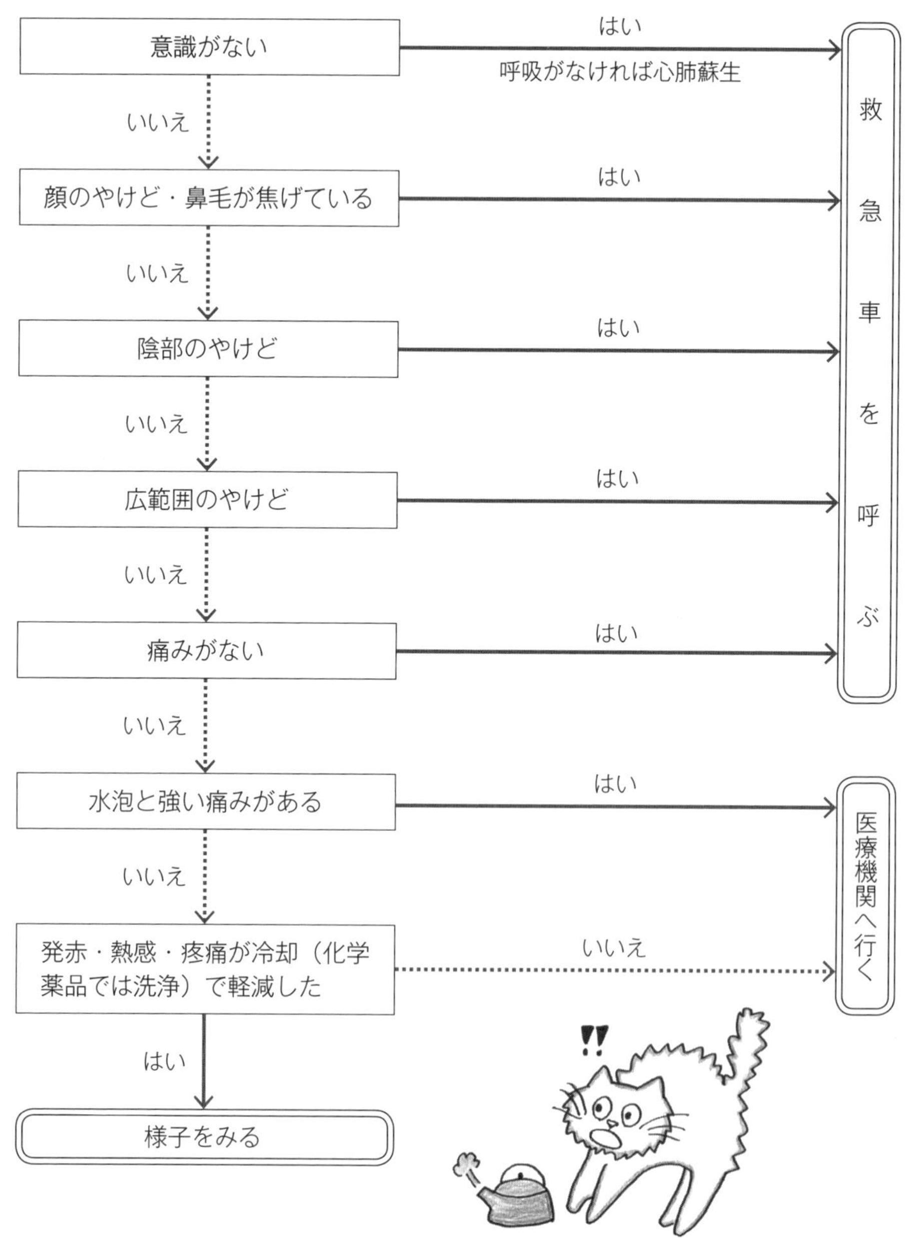

2 判断のポイント

Point 1 ● 場所はどこか（①）

顔と**陰部**の熱傷では面積が狭くても直ちに救急車を呼びます。顔では気道の損傷や閉塞の可能性が、陰部では生殖器や肛門の障害が懸念されるためです。

Point 2 ● 広さと深さで判定（②）

熱傷の重症度は受傷部の広さと深さで判定します。Ⅲ度の熱傷では救急車を呼びます。

①受傷した場所を確認する

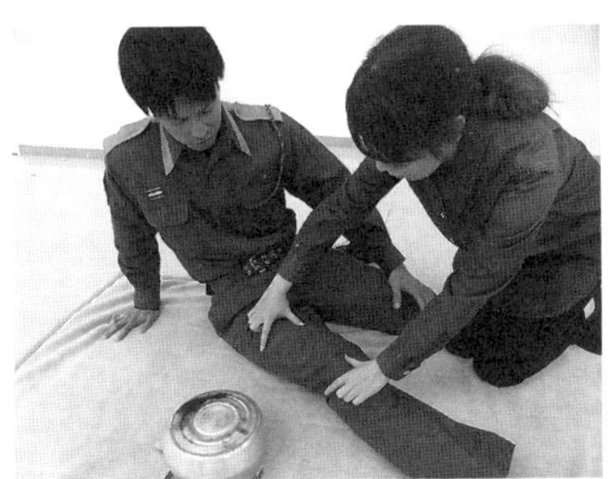

②広さと深さで判定する

3 処 置

1）冷やす

水道水で痛みがとれるまで**20分**程度冷やします（③）。氷水では冷えすぎて組織に障害を与えてしまいます。

服を着た状態なら**服の上から**水をかけます（④）。水泡（水ぶくれ）がある場合は破かないように注意します。やけどの面積が広範囲の場合は、患部を冷やすと低体温になるため冷やさずに清潔なシートで患部を覆い、**保温**をして（⑤）、救急車の到着を待ちます。

強酸や強アルカリ、有機溶媒が皮膚についた場合は、洗います。

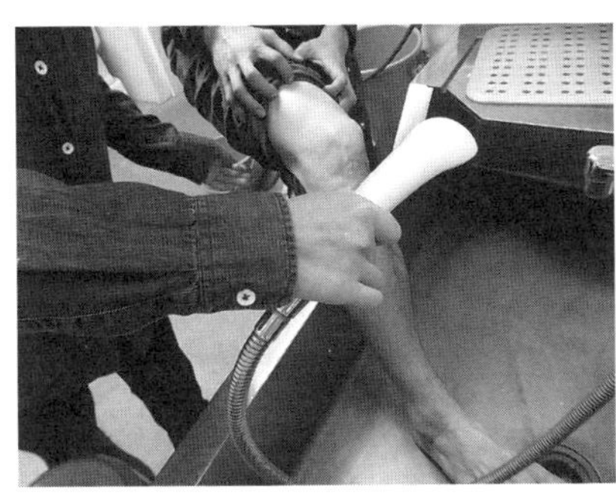

③水道水で20分程度冷やす

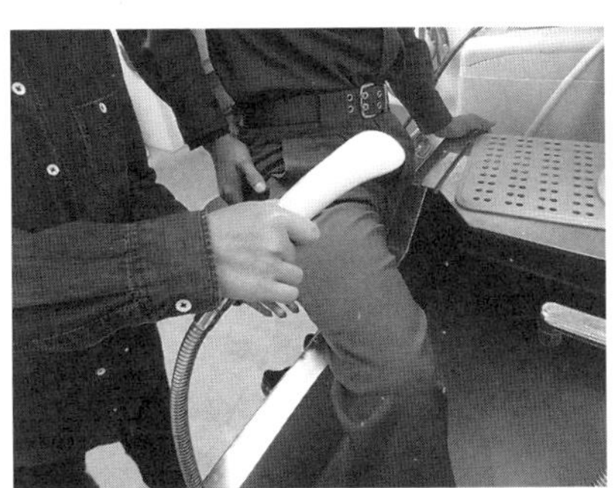

④服を着ていたらその上から水をかける

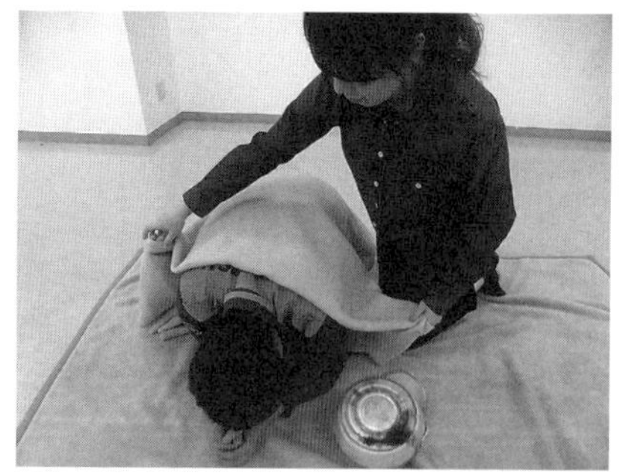
⑤やけどの面積が広範囲の場合は保温も必要

2）保護する

Ⅱ度の熱傷で水泡が破れた場合は、傷絆創膏やラップ材で**被覆**します（⑥）。湿潤療法（p. 73参照）が有効です。

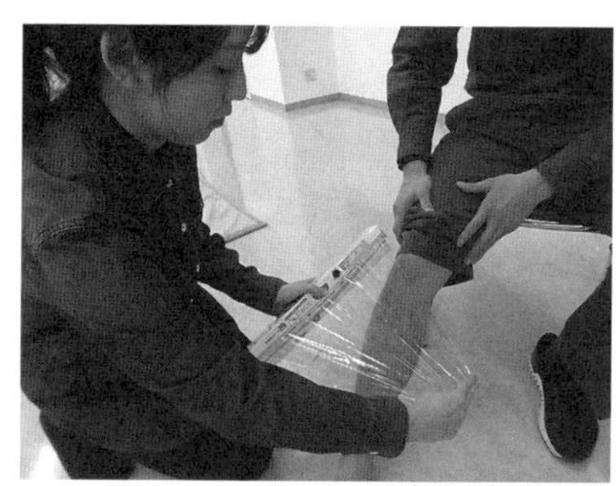
⑥水泡が破れた場合は傷絆創膏やラップ材で被覆する

4 解　説

1）熱傷の広さ

熱傷は広範囲であるほど重症です。

判定法としては、本人の手のひらの皮膚面積が体全体の皮膚の１％に相当するとして計測する「手掌法」（⑦）のほか、体の部位を主に９の倍数で計算する「９の法則」、体の小さな幼児、乳児に合わせた「５の法則」があります（図１）。

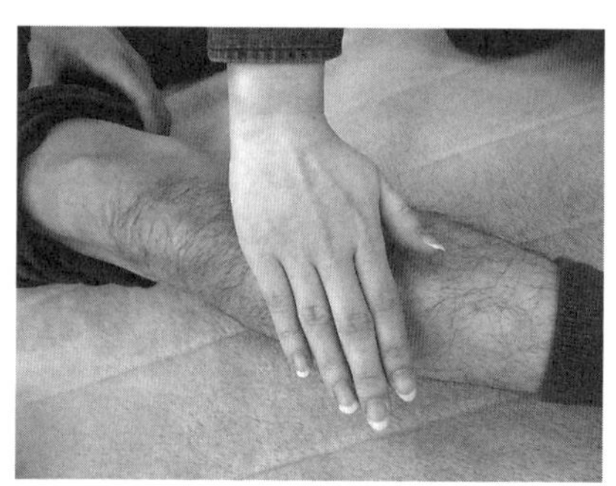
⑦本人の手のひらが皮膚の１％に相当する

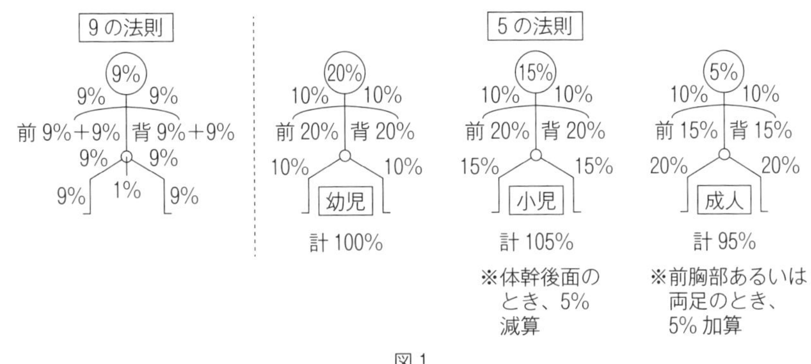

図1
熱傷面積算定法

2）熱傷の深さ

熱傷の重症度は、受傷した皮膚の深さによって3段階に分類されます。Ⅱ度熱傷を浅いもの、深いものの2つに細分類することもあります（図2・表1）。

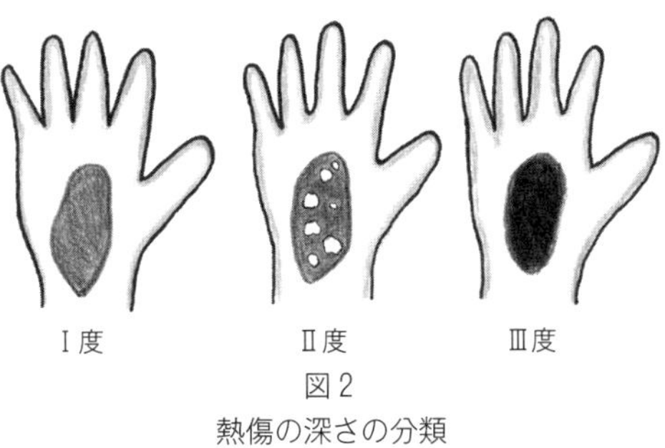

図2
熱傷の深さの分類

表1 熱傷の深さの分類

Ⅰ度熱傷	表面のみの熱傷。赤く、熱感と痛みがある
Ⅱ度熱傷	水ぶくれになり、強い痛みがある
Ⅲ度熱傷	皮膚の色は白や黒になり、痛みを感じなくなる

3）救急車を呼ぶ基準

学校では次の6項目のうち、ひとつでも当てはまれば救急車を呼びます。

顔面熱傷
陰部熱傷
Ⅲ度熱傷（やけどしたが痛くない）
Ⅱ度の熱傷で手のひらを超える範囲
骨折などが合併している場合
感電・雷によるもの

医療機関では受傷した広さ（面積）と深さを計測して、治療方針の決定と予後の予測をします。

4）冷やす

やけどは冷やすことで組織の障害を少なくすることができます。熱が直接当たった部分は蛋白が凝固してしまい、細胞はすぐに死んでしまいます。この部分はすぐに冷やしたとしても助かることはありません。周辺部分は高熱に当てられ、細胞は弱ってはいますが、冷やすことによって生き返る可能性があります。そのままにしていると細胞内の熱変性が進んで細胞は死んでしまいます。弱っている細胞を助けるためにも、急いで冷やす必要があります。

氷水ではなく流水で冷やすのも同じ理由です。弱っている細胞は抵抗力が落ちているので、過度に冷やすと細胞内の活動が停止しそのまま死んでしまいます。冷やす温度にも注意が必要です。

5）化学熱傷は洗う

強酸や強アルカリ・有機溶媒が皮膚についた場合は、**大量の水**で洗い流します。冷やす必要はありません。酸は皮膚を凝固させるため深くなることは少ないのですが、アルカリは皮膚を溶かすため重症化します。

豆知識

盲点は灯油です。作業中に服や手袋についたまま放置することが多いようで、気づくと皮膚が剥けています。

6）顔面の熱傷の場合は目を離さない

顔面の熱傷ではどんどん顔が腫れて、息ができなくなっていきます。救急隊に引き渡すまで目を離してはいけません。

こんなことがありました

小学２年生の女子児童が、掃除の時間に雑巾を絞った後、濡れたままの手でコンセントを触ってしまいました。一瞬ボンッとなって感電し、吹き飛ばされて倒れました。意識はありましたが受診したところ、異常は見つかりませんでした。その後、学校では、低学年にはコンセントを触らせない、コンセントを触る時は乾いた手で触ることの周知を図りました。

第 2 章

外因性のもの

1 刺し傷

刺し傷は、画鋲（がびょう）やトゲのような皮膚にとどまる傷と、刃物などによる臓器に達する傷に分けられます。軽微な刺し傷で注意することは感染と外傷性刺青です。臓器に達する傷では傷を保護して救急車の到着を待ちます。

1 フローチャート

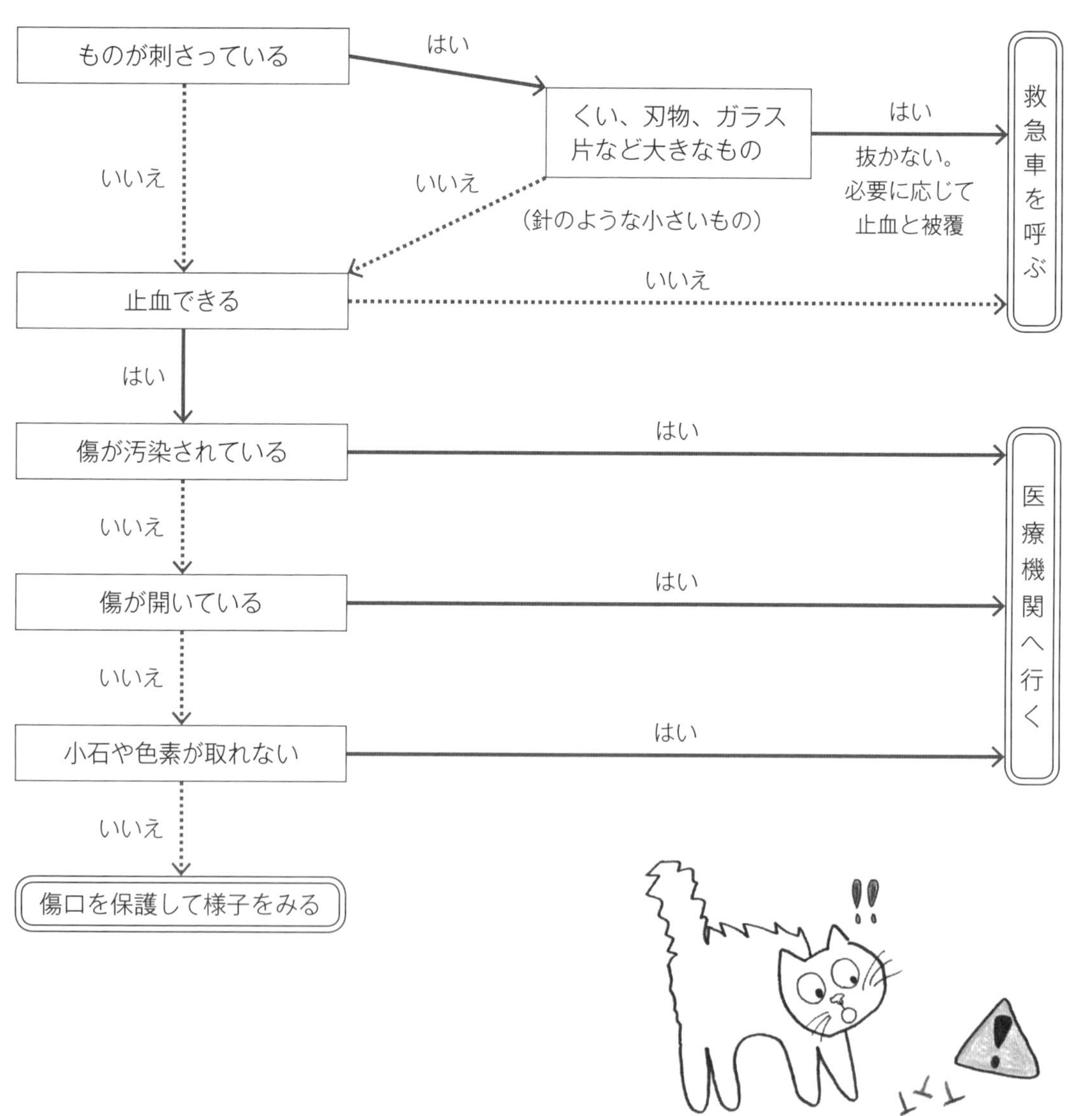

2 判断のポイント

Point 1 ● 何が刺さったか（①）

大きなものが刺さっていたら抜かずに救急車を呼びます。むやみに抜くことで出血を助長したり、神経や血管の損傷を引き起こす恐れがあります。

また、土などで汚染されたものが刺さった場合も、細菌が皮下に入って化膿する場合や破傷風菌に感染する恐れがあるので、医療機関を受診します。

砂や鉛筆の芯が入り込んでしまった場合も、医療機関を受診します。

Point 2 ● 傷が開いているなら医療機関へ

傷口が開いている場合は、医療機関を受診して縫合してもらいます。

Point 3 ● 傷が深い場合は傷を塞いで医療機関へ（②）

胸や腹などの深い傷は、傷口をラップ材で保護して救急車を呼びます。

①何が刺さったか確認する

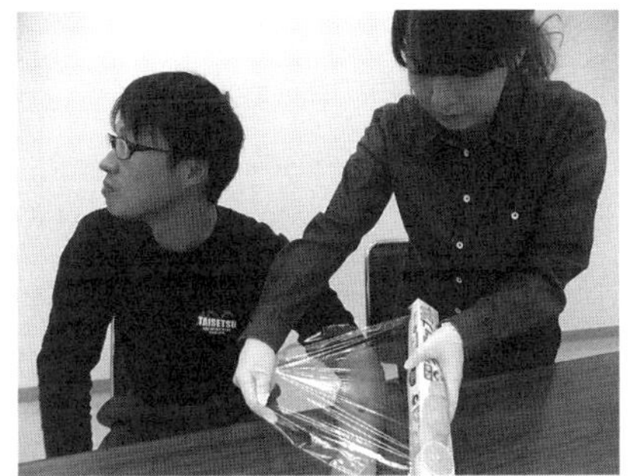
②深い傷は傷を塞いで医療機関へ

3 処　置

1）刃物はそのままで固定する（③）

刃物は抜くと出血するため、抜いてはいけません。刺さったものの動揺を防ぎ、二次的な損傷を防止するため、タオルなどを使って刃物を挟んで**その場所に固定**し、救急隊が到着するのを待ちます。

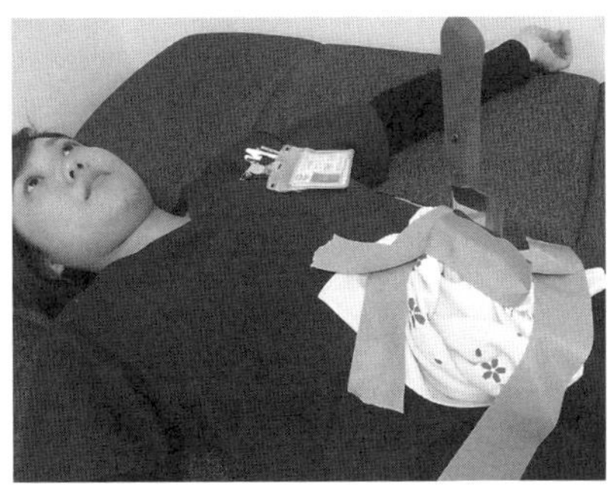
③刃物はそのままで固定する

2）ピンやトゲなどは抜いて水洗いする

ピンやトゲなどは抜いた後（④）、傷口を流水で洗い、清潔なガーゼや絆創膏で被覆します。化膿が心配なら消毒しますが、傷口に消毒液を行き渡らせることは難しいので、被覆後は傷が化膿しないかどうか、毎日観察します。

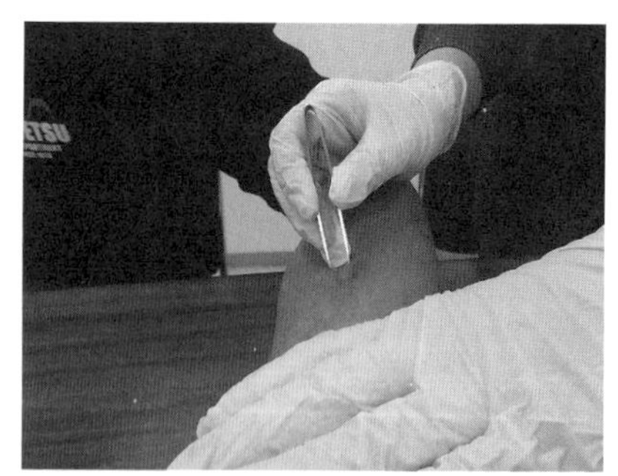
④ピンやトゲなどは抜く

3）胸郭から空気が漏れている場合

胸部の刺し傷から胸壁に穴が開き、空気が漏れている場合、緊張性気胸*になる可能性があるのでラップ材で患部を塞ぎます（図１）。

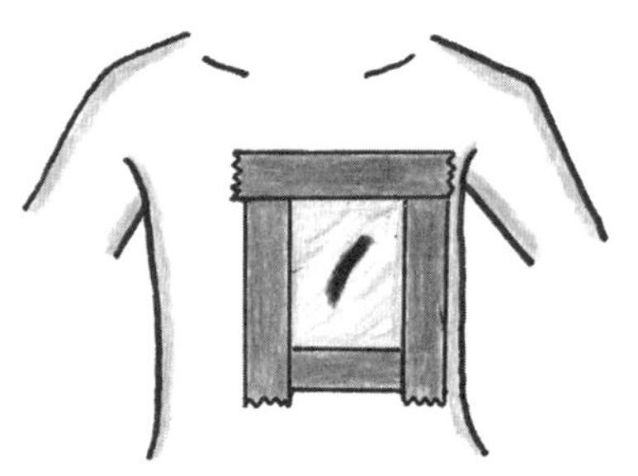
図１
胸郭から空気が漏れている場合はラップ材で患部を塞ぐ

豆知識

これまで、３点テーピング（図２）をすすめていましたが、時間がかかること、効果が薄いことから、医療関係者以外はそのまま傷を塞ぐことになりました。

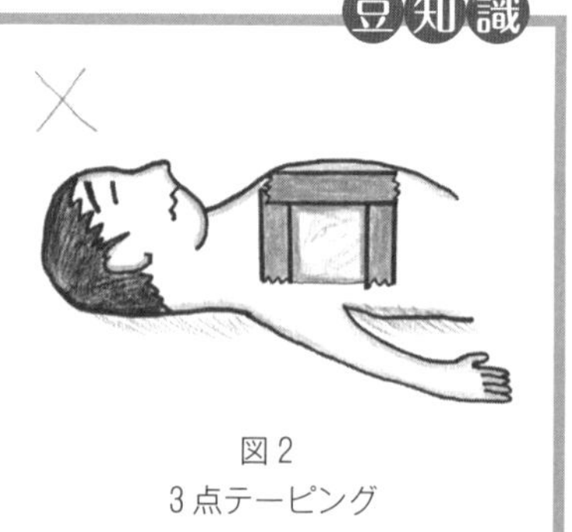
図２
３点テーピング

用語解説　緊張性気胸

肺が破れているか胸壁に穴が開いて空気が胸腔に入ることを気胸といいます（p. 135参照）。肺は空気の圧力に負けて萎みます。空気が肺の周囲に充満し、肺に加えて心臓も圧迫された状態を緊張性気胸といいます。心臓の動きが妨げられ血圧が低下します。

6）胸や腹から何かが出ている場合

胸や腹を**そのまま**ラップ材で包んで保護します（図3）。出ているものを中へ押し戻してはいけません。

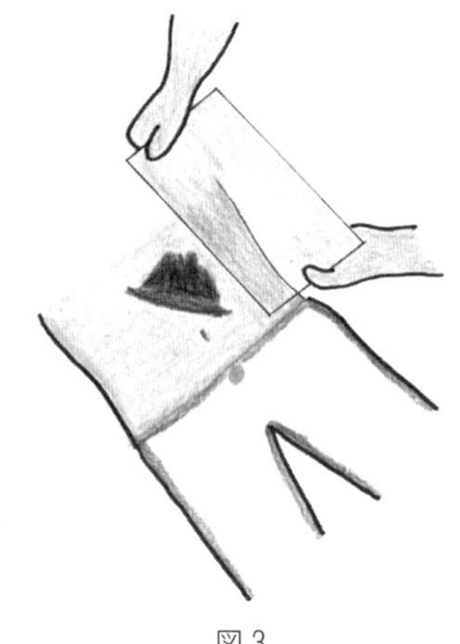

図3
胸や腹から出ている状態のまま被覆する

4 解　説

1）自然界のものは化膿する

ガラスのように、刺さったものによってその口（患部）が広くなるものは出血が多くなるため重篤に見えますが、止血できればあとは縫うだけなので怖くはありません。それよりも、古釘や小枝など、細くて深く刺さるもののほうが、釘や枝についている細菌を体の奥深くに押し込むため、医学的には危険です。

傷口が化膿して治りが悪い場合や傷の周りが広く変色している場合は、医療機関を受診します。

2）胸の傷

胸を刺した場合、一刻も早く救急車を呼ぶことが重要です。呼吸をしていないようなら胸骨圧迫を行います。胸の傷から空気や血液が噴き出すようなら、ラップ材で患部を塞ぎます。

3）腹の傷

腸管の外側には漿膜（しょうまく）と呼ばれる薄い膜があり、この下に血管が走っています（⑤）。漿膜は乾燥すると死んでしまい、腸管が裂ける危険が高くなるため、ラップ材で覆い乾燥を防ぎます。ラップ材は食品用ラップフィルムのような薄いものでもレジ袋のような厚いもの（⑥）

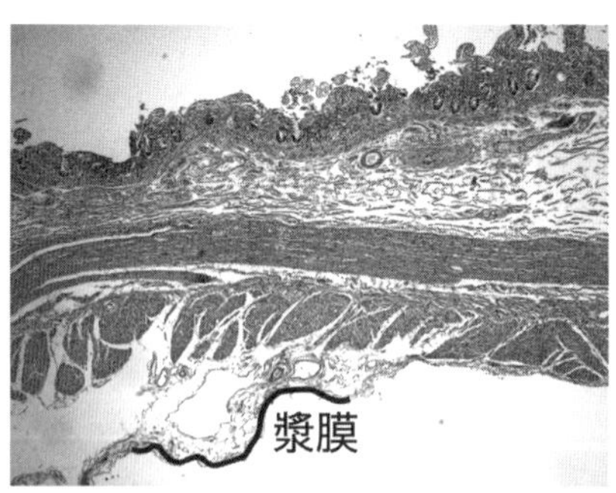

⑤漿膜。小腸の断面

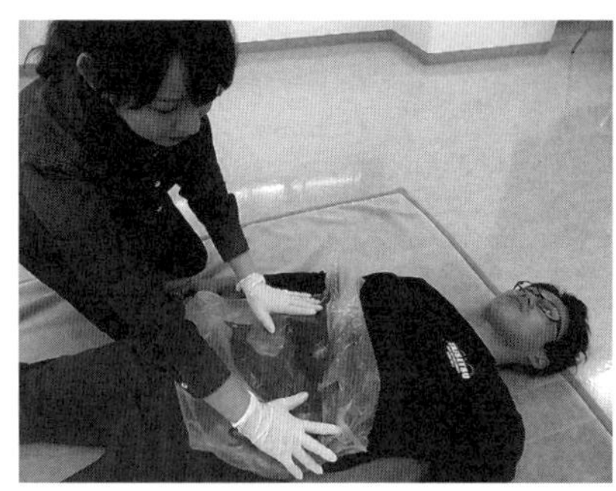

⑥レジ袋で被覆する

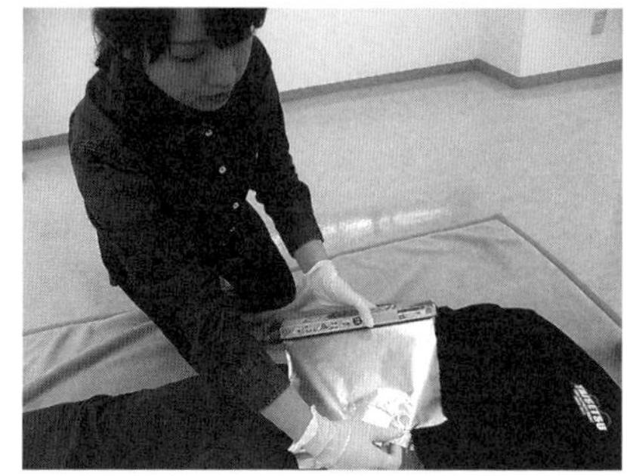

⑦アルミ箔で被覆する

でもアルミ箔（⑦）でもかまいません。

こんなことがありました

家庭科の授業で中学３年生の男子がミシンを使って作業をしている際に、ミシン針が人差し指に刺さってしまいました。完全に貫通している状態で、針が刺さったままの状態で保健室に来ました。指先から５㎜くらいの場所で、爪も貫通していました。出血はひどくはありませんでした。本人は見た目のショックで顔面蒼白になっていました。すぐに救急車を呼びました。

医療機関では針を抜いて消毒をし、レントゲンを撮影しました。幸い神経や骨には影響がなく、翌日からは絆創膏で傷口を保護し、２～３日通院し、１週間後には部活動にも参加しました。けがをした日の夜は痛みで眠れずに、痛み止めを飲んでいました。痛みが強かったのは２～３日でした。

---

2 指切断

指の切断は旋盤などの実習だけでなく、ドアに挟まれるなど何気ないところでも起こります。脱落した指の保存状態が良ければ再接着できる可能性があります。削げた皮膚も手術で移植することができるので、保存に注意して医療機関へ持参します。

1 フローチャート

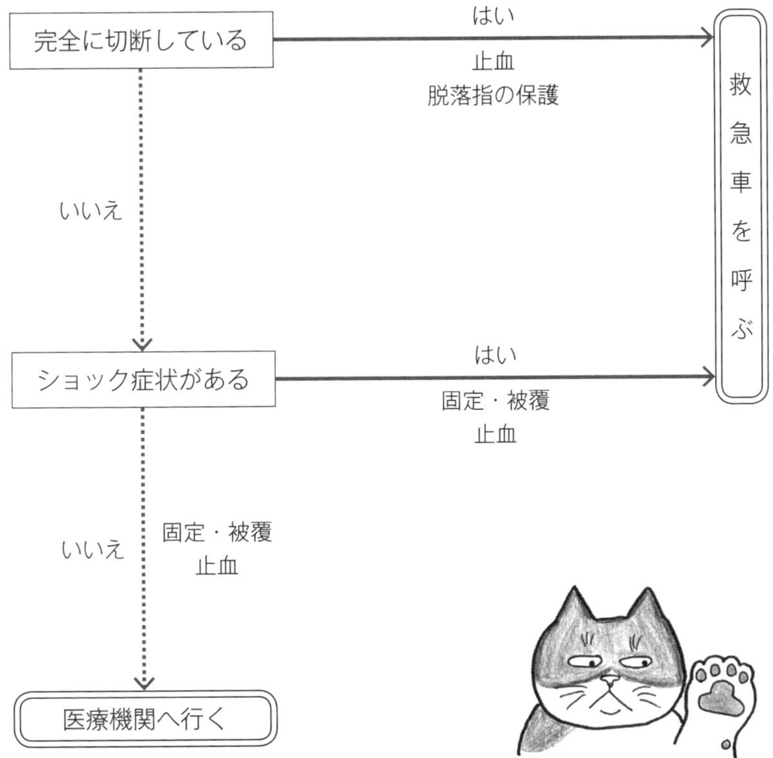

2 判断のポイント

Point 1 ● 脱落指を適切に保護（①）

脱落した指だけでなく、可能な限りすべての組織を医療機関へ持参します。

Point 2 ● 圧迫して止血（②）

出血部分を清潔なガーゼなどで押さえ、医療機関で処理を受けるまで圧迫しつづけます。

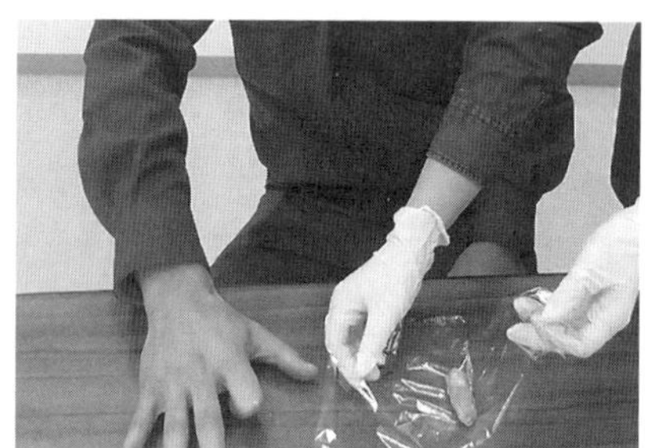
①脱落指を適切に保護する

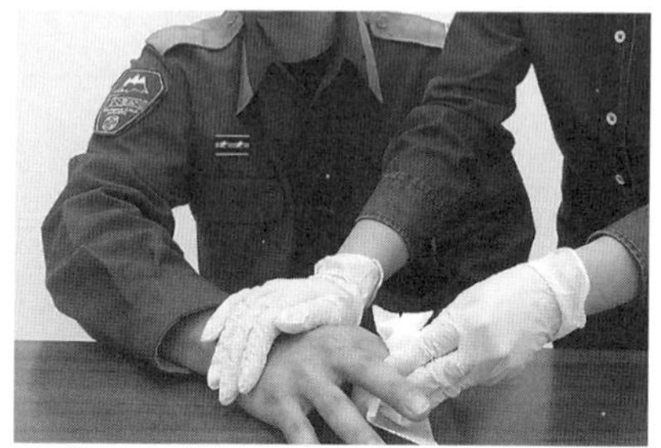
②圧迫止血

3 処　置

1）完全切断の場合

脱落した指は、清潔なガーゼに包んで清潔なビニール袋に入れて乾燥を防ぎます（図1）。その袋を**氷水に浸し**て保護し（図2）、医療機関へ持参します。

図1
脱落指をガーゼに包んでビニール袋に入れる

図2
袋を氷水に浸す

豆知識

冷やして保護することで、常温の状態よりも再接着手術の可能な時間を約2倍延長することができます。

2）不全切断の場合

骨折や脱臼の可能性があるため、副木で固定して（③）医療機関を受診します。

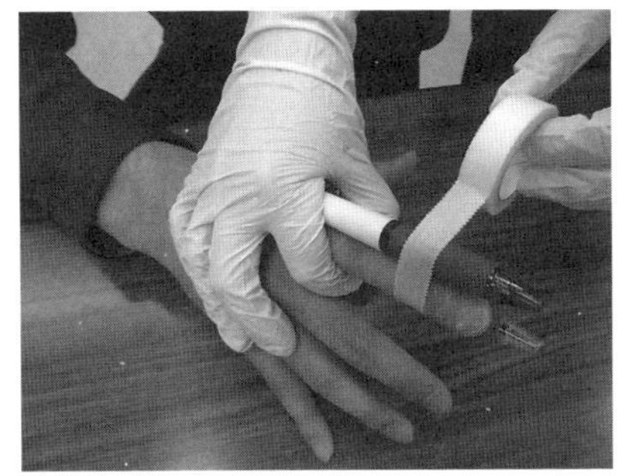
③副木で固定する

4 解　説

1）脱落指の保存

脱落指の切断面が乾燥しないように清潔なガーゼで包み、ビニール袋に入れて口を固く縛り、少量の氷を浮かべた氷水に浸して医療機関へ持参します。脱落指が泥などで汚れている場合は、さっと水で洗う程度にして清潔なガーゼで包み、ビニール袋に入れます。汚れを完全に洗おうとして時間をかけると、神経や血管などの組織を破壊する恐れがあります。

剥脱した皮膚も使う可能性があるので、医療機関へ持っていきます。

豆知識

以前は、脱落指を生理食塩水に浸したガーゼに包むことを推奨していましたが、断面がふやけて再接着の障害となるため、現在はそのままの状態でガーゼに包むようになりました。

また、脱落指が直接氷に触れると組織が凍結破壊されるので、氷だけを使った過度な冷却ではなく、氷は水に浮いている程度の量にします。

2）圧迫止血で通常は止まる

出血している場合は、**出血部分を圧迫**することで、十分止血できます。そして、受傷部を心臓より高い位置に上げるようにします。

爆発で腕や足を吹き飛ばされた場合は、付け根をベルト状の帯で縛る必要があります。

3）固定と冷却で痛みと出血を防ぐ

不全切断の場合は、副木で固定することで痛みが和らぎ、不用意な動きで再出血する危険も減ります。アイスパックを使った冷却は痛みの軽減に効果があります。

こんなことがありました

総合的な学習の時間に、収穫したジャガイモを調理しようと児童がジャガイモをスライサーで薄切りにしていました。その際、ジャガイモと一緒に親指もスライスしてしまったと、傷口を押さえながら保健室に来室しました。傷口は７㎜程度でしたが、出血量が多かったため、ガーゼで圧迫止血しながら、医療機関に搬送しました。おしりの皮膚を使って皮膚移植になりました。

調理実習に慣れていない低学年の児童であったため、丁寧な事前指導と職員の複数配置など、配慮が必要であったと思いました。

手足が切断された場合は縛る

Dr's eye

指の切断では出血部位を押さえて病院に行けば失血は抑えられますが、事故などで手足が切断され動脈がむき出しになっている場合には布で締め上げる必要があります。

消防では手足を縛る専用のバンド（ターニケットと言います）が配備されています（図３）。輪に棒がついていて、その棒で輪を締め上げるものです。専用のバンドがない場合には、ネクタイなどの頑丈な布と棒を用いて締め上げ、棒を固定します。装着した時間を必ず記録しておきましょう。

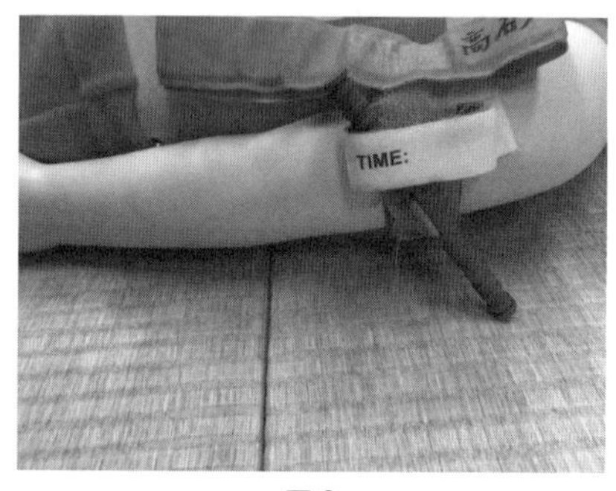

図３
消防に配備されているターニケットを小児人形に巻いたところ

締め上げたら病院に届けるまで緩めてはいけません。締めても出血が続くようなら上流にもう１本布を巻いて締め上げます。

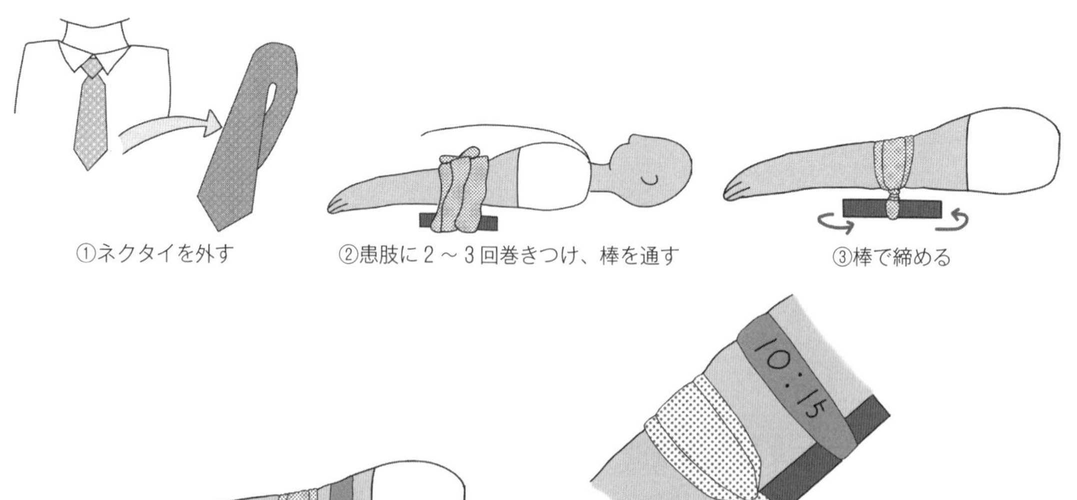

図４
ネクタイを使った締め上げ方

3 骨 折

骨折では、疼痛、変形、機能障害をもたらします。剥離骨折など骨がほとんどずれていない場合は、痛みや腫れが引かないことで骨折を疑います。

1 フローチャート

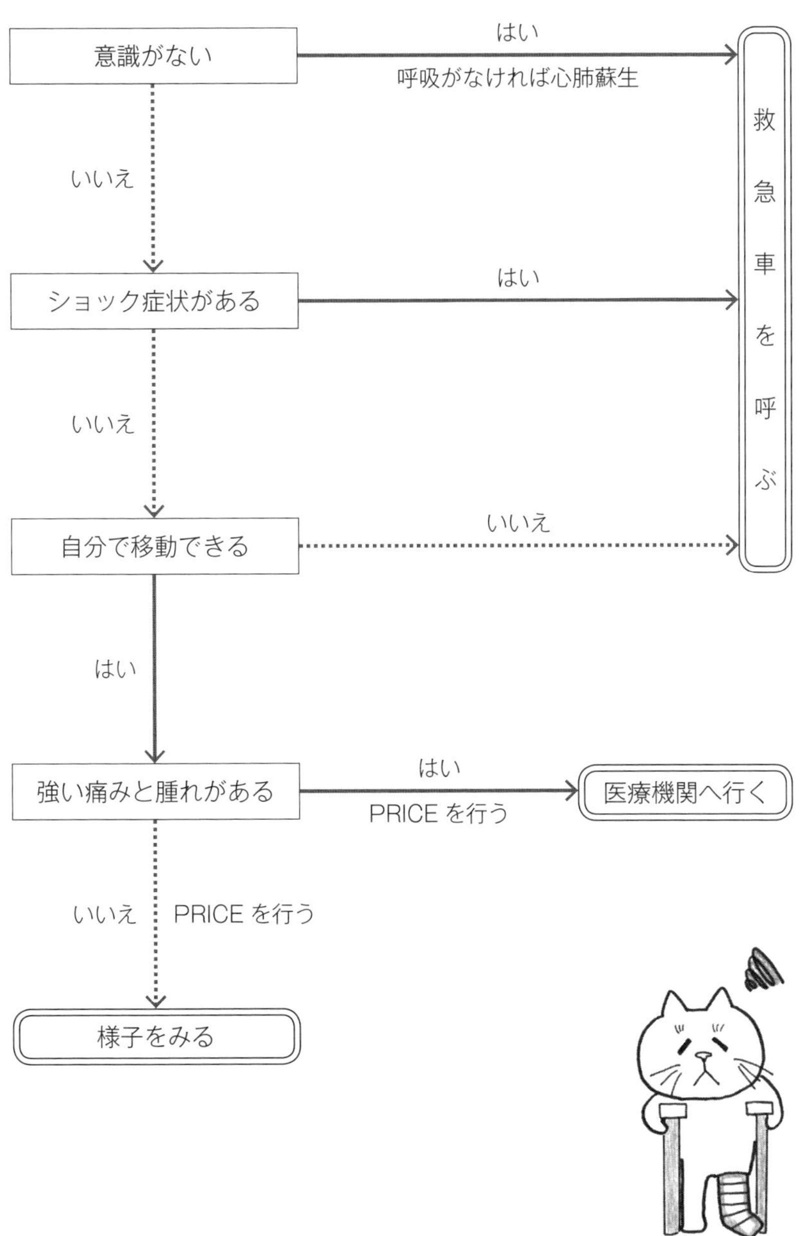

2 判断のポイント

Point 1 ● きっかけと強烈な痛み

強い外力を受けた後に強烈な痛みがあれば、変形はなくても骨折を疑います。

Point 2 ● 長引く痛みと腫れ（①）

小さい骨折では、１週間以上痛みと腫れが続くことで骨折を疑います。

Point 3 ● 周辺を押す（②）

骨折と捻挫の区別が難しい場合、痛がっているところから５cmほど離れた骨を押します。骨折の場合は、押したところではなく骨折しているところを痛がります。

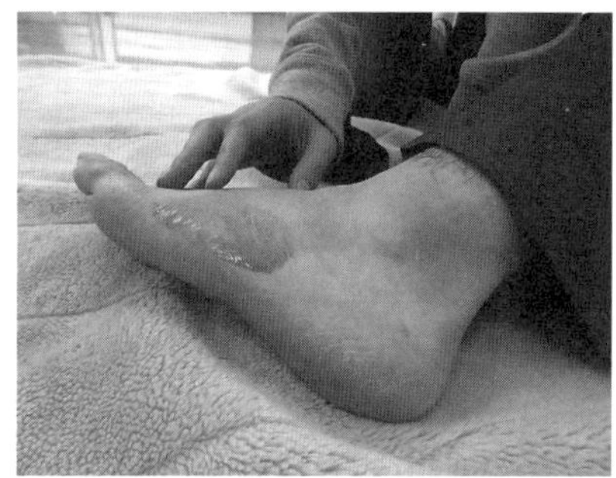
①痛みと腫れが長引く

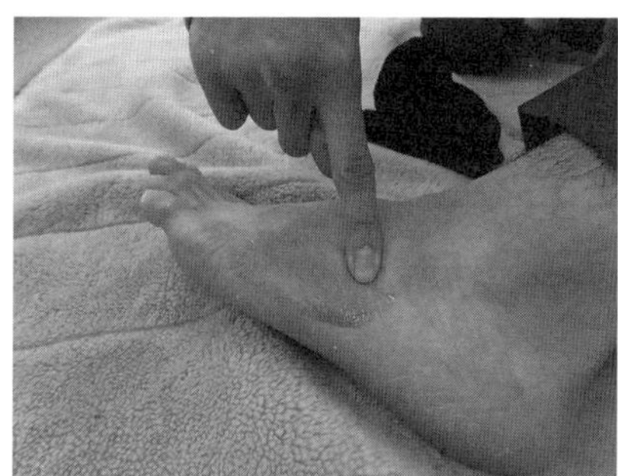
②周辺を押す

3 処　置

1）止血する

骨が飛び出している場合（開放性）、大量の出血があります（図１）。すぐに救急車を呼び、次に**圧迫止血**します（③）。止血時は骨を押し戻してはいけません。止血できたら清潔な布で覆います（④）。止血できない場合は救急車が到着するまで圧迫止血を続けます。

患部は救急車の到着まで動かさないようにします。患児が倒れている場所が危険なら、変

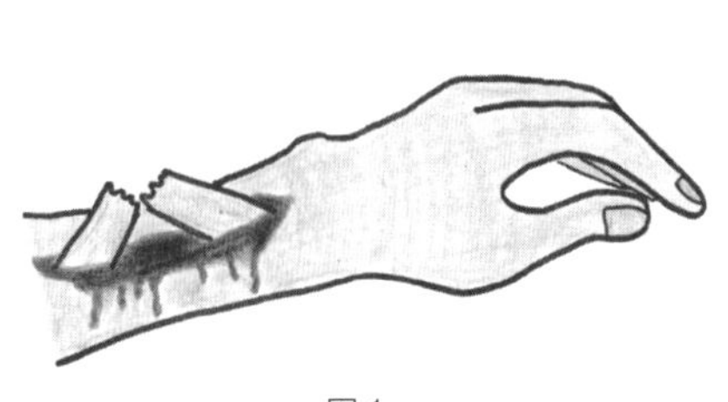
図１
折れた骨が飛び出している

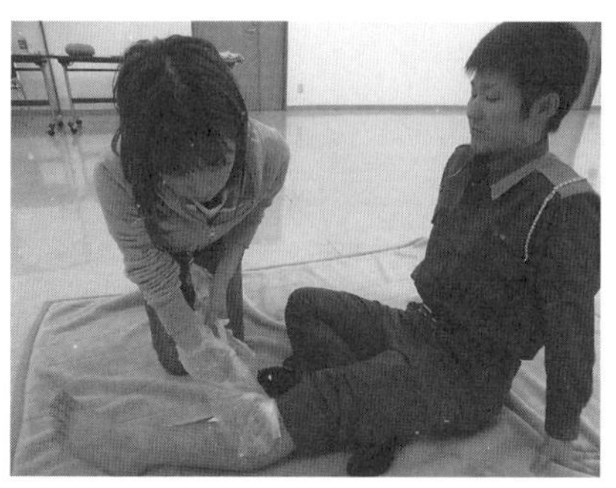
③圧迫止血

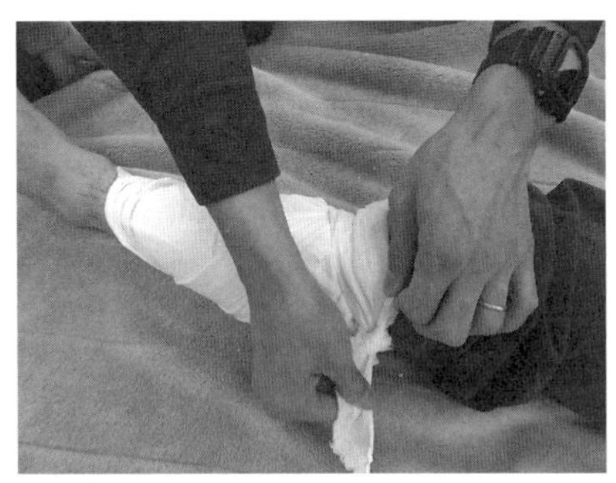
④骨が飛び出している時は止血後そのまま清潔な布で覆う

形した形を保ったまま大人数で安全な場所へ移動させます。

2）固定する

骨折しているところを固定することで、骨折部の動揺が少なくなり、痛みが軽減します。また、骨折端が周囲の組織を傷つける危険も減少します。

変形があれば、原則として**その形のまま固定**し、救急隊に引き渡します。専門の固定具（シーネ）がある場合は、固定させる場所の形に合わせてシーネを変形させ、包帯で固定します。シーネがなければ、傘や雑誌などを副木として代用します（⑤）。

手や足の骨折では、体から遠い方から固定します。また、折れているところの**上下の関節も固定**します（⑥）。その際、指の色で血の巡りを確認できるよう、指の部分には包帯は巻かず、露出させて固定します。

固定が終わったら、患児が一番楽な姿勢を取らせます。

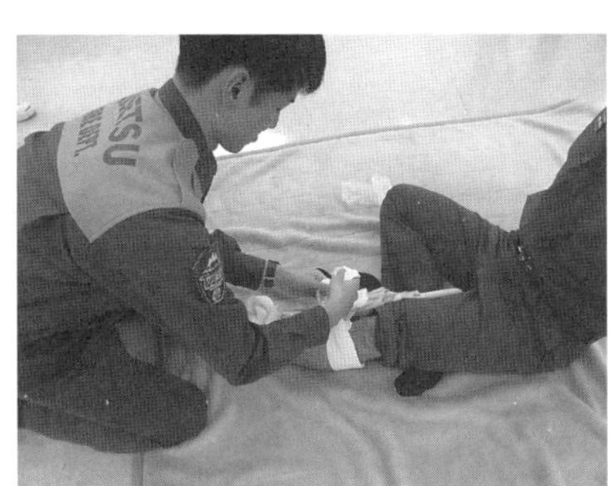
⑤傘や雑誌などを副木として代用

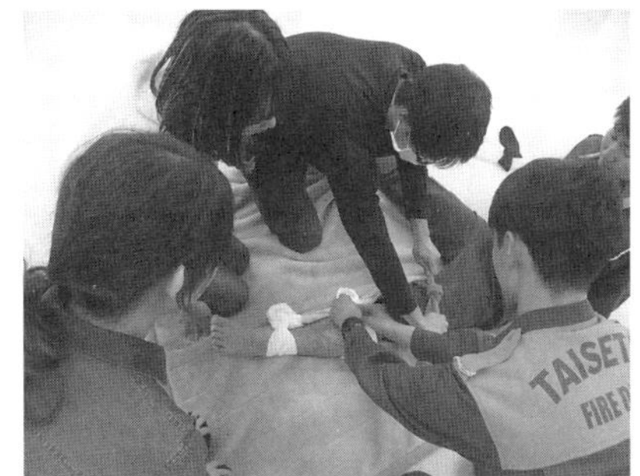

⑥折れているところの上下の関節も固定する

4 解 説

1）ショック状態に注意

骨の内部は血液で満たされているため（図2）、骨折すると大量の血液が周囲に流れ出し

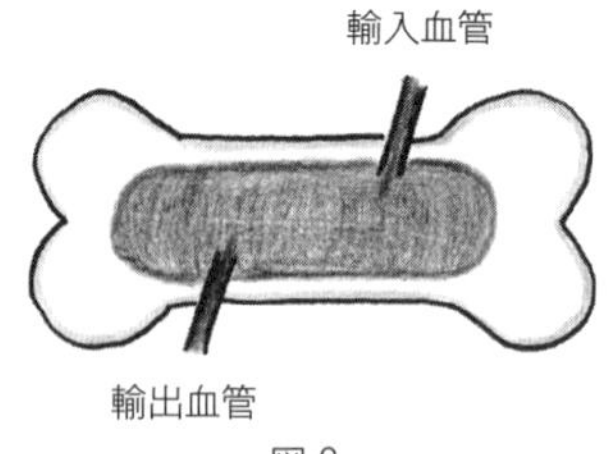

図２
骨の構造。内部は血液で満たされている

ます。見た目には出血がないようでも、**内出血**によってショック状態になる可能性があるので、目を離さないようにします。

２）わかりづらい骨折

痛みや腫れが**長引く**ようなら、隠れ骨折を疑います。骨は接着に３ヶ月かかるので痛みは長引き、骨折部が動くたびに内出血を繰り返すので、腫れも引きません。

上肢や下肢の剥離骨折はレントゲン写真でも見落としやすい骨折です。運動選手で長期間の痛みと腫れを訴える場合には剥離骨折を疑います。かかと、膝、肘が好発部位です（図３）。

指の関節内骨折も判断が困難です（図４）。突き指の後の変形がサインとなりますが、変形していなくても腫れや痛みが長く続くようなら、骨折の可能性があります。

そのほか、頻度の高いものに中足骨の骨折があります（図５）。足の小指側を机の角などにぶつけて１週間以上痛みが続くような場合です。この場合、骨折していても歩くことができます。

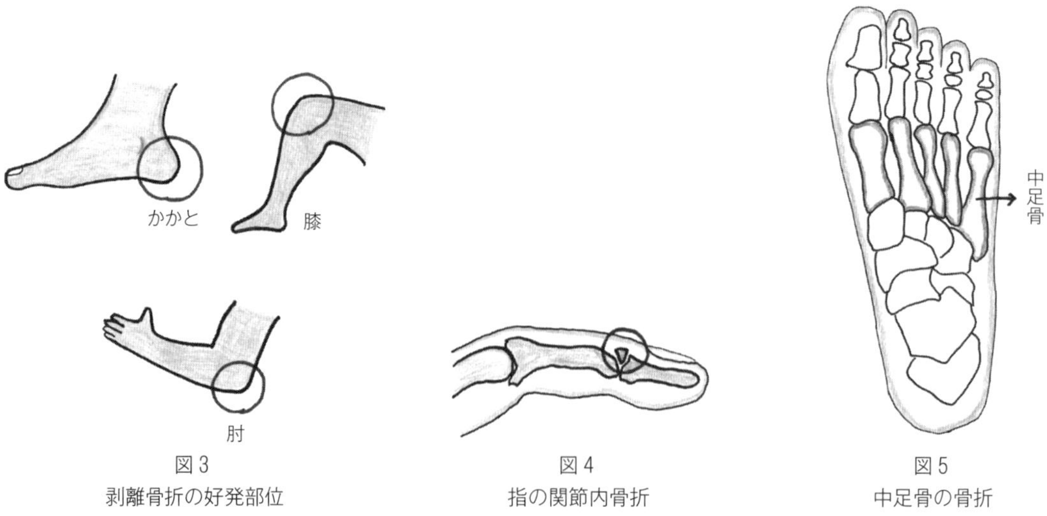

図３
剥離骨折の好発部位

図４
指の関節内骨折

図５
中足骨の骨折

3）完全には折れていない骨折（不全骨折）

不全骨折は、骨が完全に断裂していない骨折をいいます。ヒビが入った状態の「亀裂骨折」、骨本体は折れていても骨膜に損傷がない状態の「骨膜下骨折」などがあります。

また、子どもでは骨が柔らかいために、本来ならば折れてしまうような無理な力が加わっても骨膜の内側に筋状のヒビが入るといった状態の不全骨折（若木骨折）が起こります（図6）。

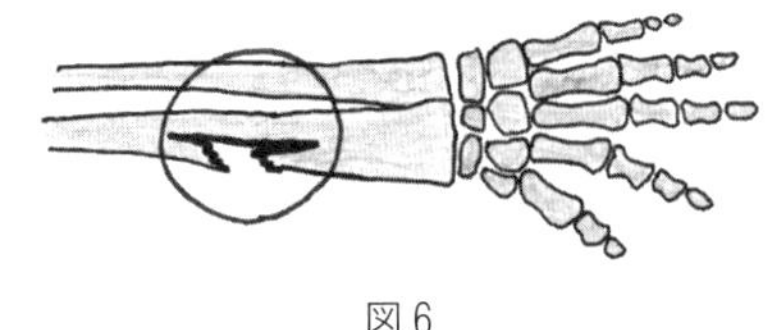

図6
若木骨折

4）手術しなくて治ることも

若い人ほど回復力があり、鎖骨骨折や上腕骨折など固定だけで治ることがあります。骨折部が大きく偏位している場合や骨が複数に割れた場合などは手術の可能性が高くなります。

こんなことがありました

1 小学校高学年の男子児童が、下校中に両手をついて転倒しました。両手首に激痛を訴えて学校に逆戻りし、保健室に来室しました。左手の手首より上の部分に明らかに変形がみられ、骨に異常があることが予測できたので、冷やしながら固定しました。右手首も痛みを訴えていましたが、腫脹はあまりみられませんでした。その後受診をしたところ、両手首の骨折が判明しました。よく、転倒した際に手をつかずに顔から転ぶ児童がいましたが、このケースの児童は両手をついたにもかかわらず、両手首を骨折してしまうという結果になってしまいました。

2 中学1年生の男子生徒が運動会のリレー練習でゴールし、勢いあまって肩から転倒、肩をぶつけたと来室しました。首も痛いなど痛みの場所が曖昧で、座っているとつらいとのことで、横になりアイシングしました。保護者に連絡して医療機関受診の結果、右鎖骨の骨折でした。

3 中学3年生の男子生徒がバスケットボール部の練習中に、バスケットゴール裏に挟まったボールを取ろうとジャンプして鉄柱にぶら下がったところ、バランスを崩して落下し、右腕を床に強く打ちつけました。活動の終わり間際だったため、顧問にも言わずに帰宅しましたが、痛みが強かったため保護者と医療機関を受診したところ、右橈骨骨頭骨折、右肘内側側副靭帯損傷と診断されました。ギプスで固定し、三角巾で腕を吊っていました。

4 捻挫と突き指

関節の支持組織である靭帯の損傷を捻挫といいます。足関節が捻挫の好発部位ですが、突き指も靭帯を痛めるので捻挫の一種です。どんなに軽い捻挫でも靭帯は損傷しています。数日たっても痛みや腫れが引かない場合は骨折が隠れていることが多いので、医療機関を受診します。

1 フローチャート

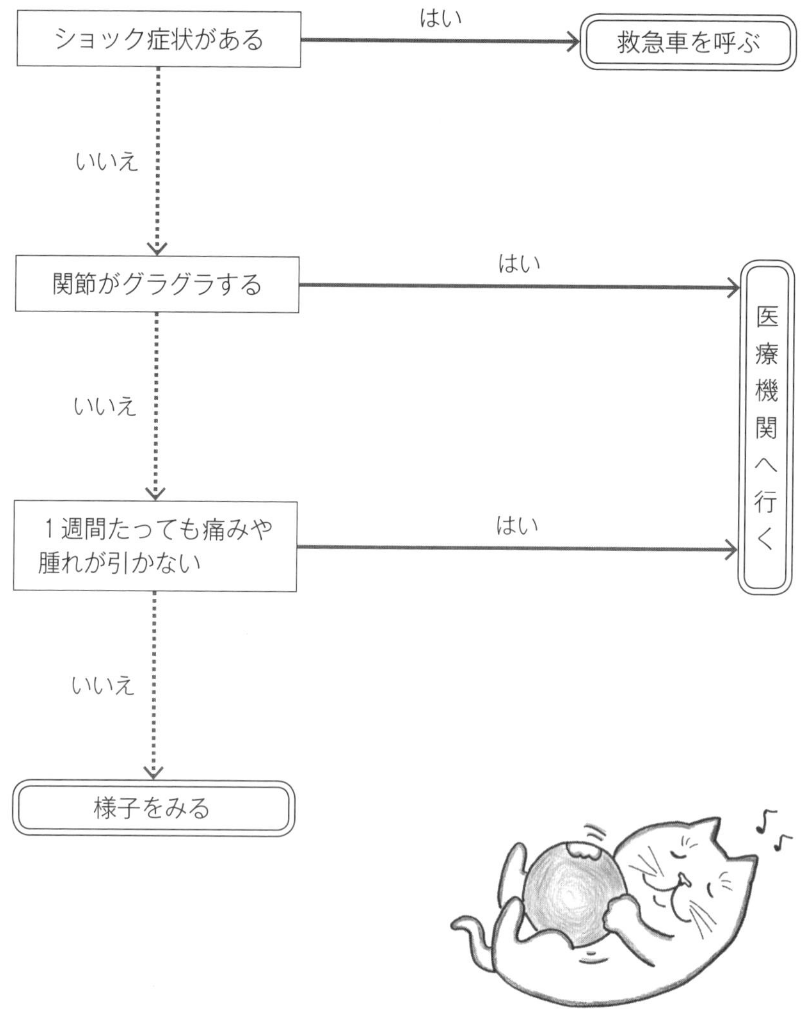

2 判断のポイント

Point 1 ● 受傷部が痛い

捻挫の場合、損傷した部分が痛くなります。骨折の場合とは異なり、周辺をたたいても損傷部分に響くことはありません。

Point 2 ● 不安定さで重症度がわかる（①）

捻挫の場合、関節が不安定になります。関節がぐらつくようなら、長期の固定か手術が必要になります。

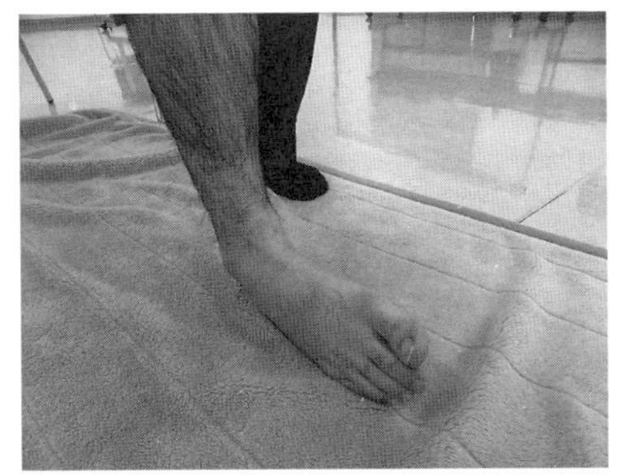
①不安定さで重症度がわかる

3 処　置

1）PRICE

捻挫と突き指の処置の基本は、**PRICE**（Protection（保護）（②）、Rest（安静）（③）、Icing（冷却）（④）、Compression（圧迫）（⑤）、Elevation（挙上）（⑥））です。

痛みと腫れは、捻挫当日よりも**翌日の方がひどく**なります。大した捻挫ではないと思っても翌日後悔しないように、必ずPRICEを行います。

PRICEを行った後、手や足の指先の状態を確認します。皮膚温や血流の状態を観察して、指先が極端に冷たかったり紫色になっているようなら医療機関を受診します。

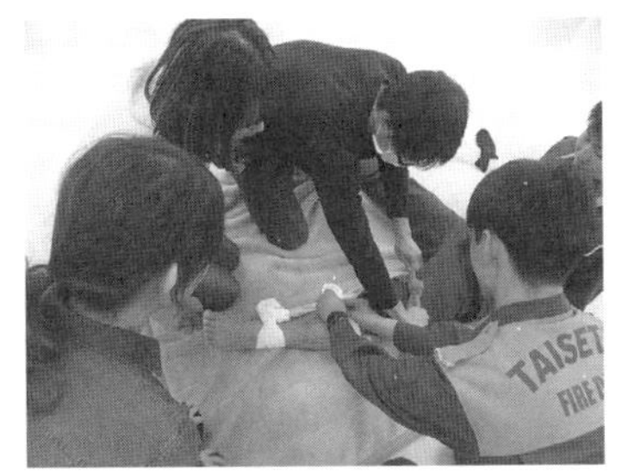

② Protection（保護）

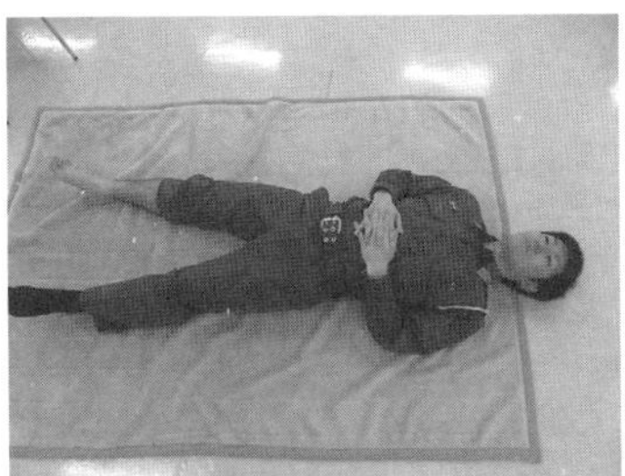
③ Rest（安静）

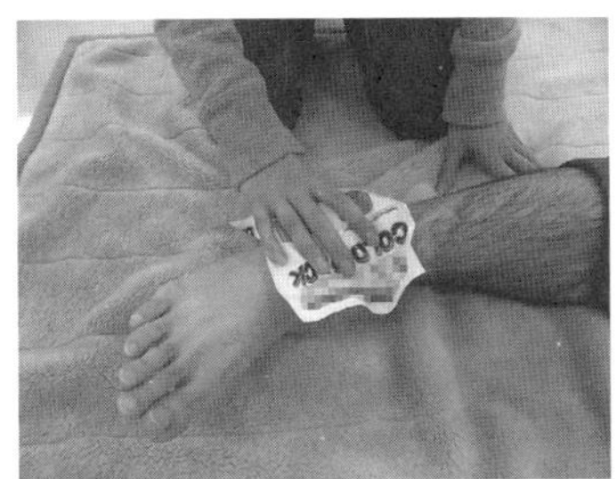
④ Icing（冷却）

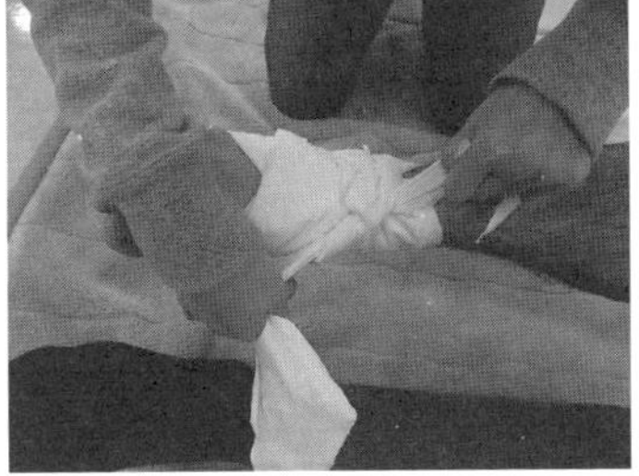
⑤ Compression（圧迫）

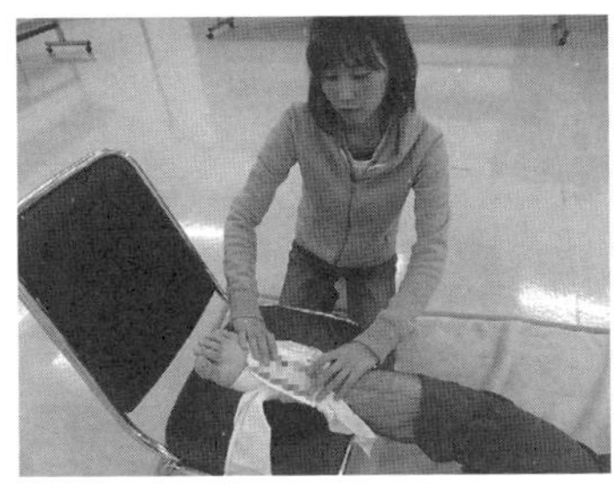
⑥ Elevation（挙上）

2）動揺が大きいようなら医療機関を受診

靭帯の部分断裂なら固定することで治りますが、完全断裂の場合は関節がグラグラして動揺が大きいため、手術となります。

腫れや痛みが長く続く場合も、関節内骨折の可能性があるため、医療機関を受診します。

4 解　説

1）処置の基本はPRICE

捻挫や突き指などの処置の基本はPRICEです（Am Fam Physician. 2016；74：1714-20.）。

①P（保護：protection）

患部がこれ以上損傷を受けないように、運動を止め、副木などで患部を固定します。

②R（安静：rest）

受傷直後は安静にします。受傷後3日から1週間して痛みのコントロールができるようになったら、軽い運動から再開します。長期の安静は**回復を遅らせ**ます。

③I（冷却：icing）

氷水を袋に入れて用います。**20分**冷やしたら**2時間**置いてまた冷やすことを繰り返します（図1）。冷却は**1日**程度行います。冷やし過ぎや長期の冷却は凍傷になったり治癒を遅らせることになります。

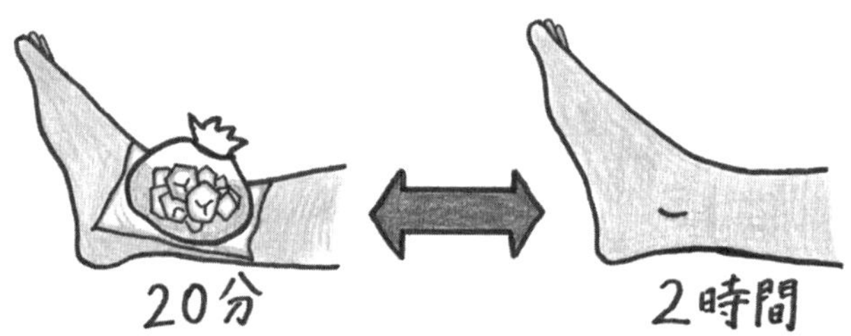

図1
「20分冷やしたら2時間置く」を繰り返す

④C（圧迫：compression）

圧迫には、腫れを抑える作用と鎮静作用があります。あまり強く締めすぎないように注意します。

くるぶしを受傷した場合、くるぶしに**U字型の当て布**を当ててから包帯を巻きます（図2）*。さらに、市販のくるぶし捻挫用固定具を加えることで、圧迫効果が得られます。

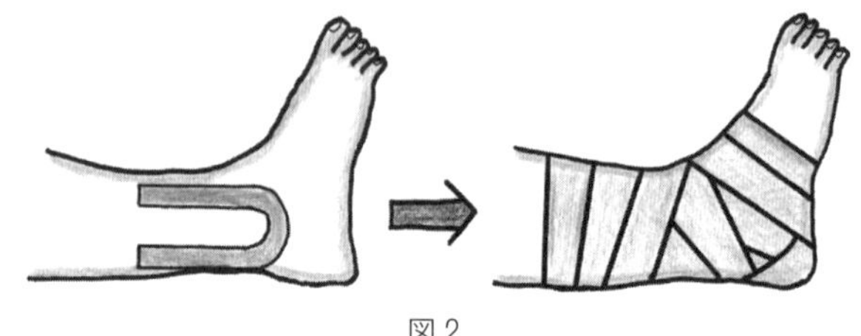

図2
U字型の当て布を当ててから包帯を巻く

*通常の包帯と弾力包帯で、腫れや痛み防止の効果に差はありません（JRC蘇生ガイドライン2020、

p. 368-9)。

⑤ E（挙上：elevation）

患部を心臓より高く挙上することで、静脈血の還流を促し、患部の腫れを抑える効果があります。

2）再発防止

捻挫をする人は繰り返す傾向があります。頻回の捻挫は靭帯の完全断裂をもたらすため、予防が大切です。

豆知識

再発防止法

①テーピング・ブレース：テープで関節を固定することで、異常な着地でも関節が動かないようにする方法

②筋力トレーニング：正確に着地する・異常な着地でも踏みとどまる訓練（図3）

③固有感覚のトレーニング：筋肉や関節がどこにあるかの感覚を高めるトレーニング（図4）

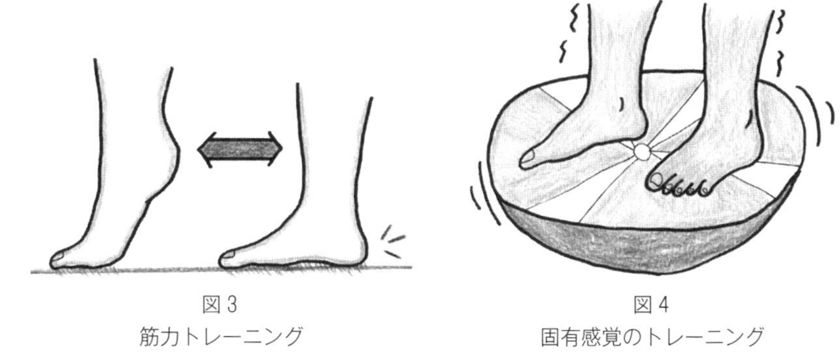

図3
筋力トレーニング

図4
固有感覚のトレーニング

こんなことがありました

歩道の縁石につまづいて左手をつき転倒し、左手薬指を捻挫したように感じました。腫れることを想定して、中指と小指を支えにして固定しながら冷やしました。指は曲がったので、骨折はしていないと判断して、湿布で様子をみていました。安静にしていたものの、なかなか痛みが治まりませんでした。1週間たっても突き指をした時の違和感が消えないこと、薬指を小指側に押してみたら可動域以上にぐにゃりと曲がったことから受診しました。診断の結果、靭帯が断裂していて3週間の固定（ギプス）になりました。

---

5 アキレス腱断裂

アキレス腱はふくらはぎにある筋肉とかかとの骨をつなぐ腱です。断裂する瞬間、「ふくらはぎをたたかれた」「何かものが当たった」と表現される衝撃を感じます。破裂音を聞くこともあります。

1 フローチャート

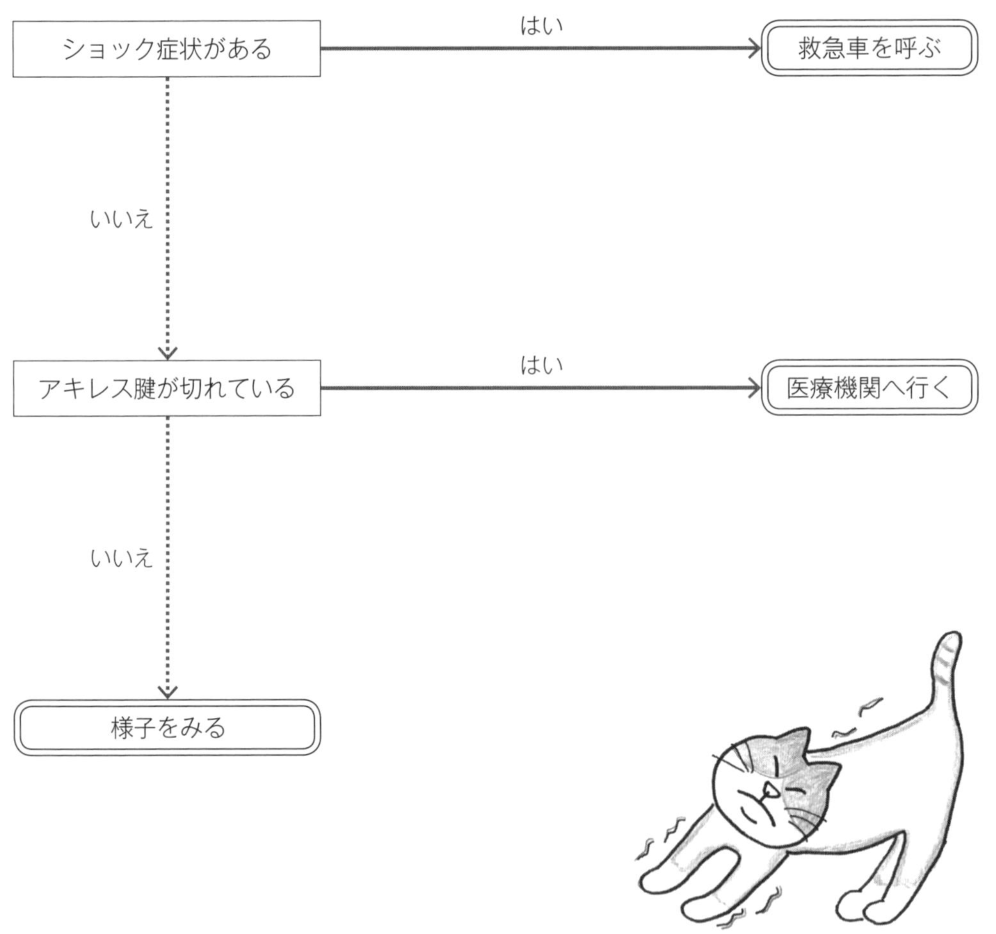

2 判断のポイント

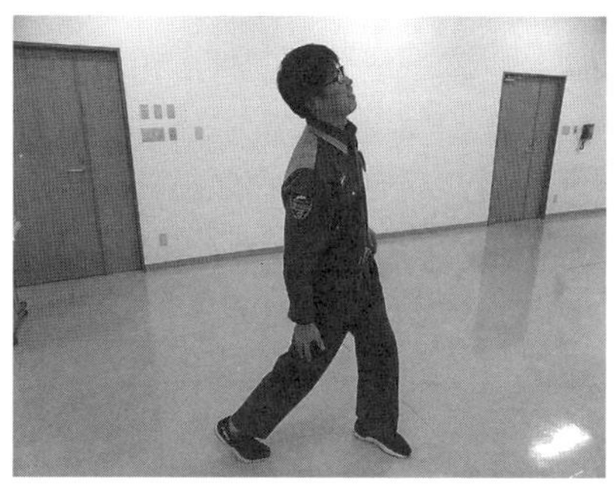
①明らかな自覚症状がある

Point 1 ● 明らかな自覚症状（①）

「ふくらはぎを蹴られた」「バットで殴られた」「ブチッと音がした」など、アキレス腱部に自覚症状を感じた後に倒れ込みます。その後、立てるようになりますが、患肢でつま先立ちすることはできません。アキレス腱の部分を押さえると、痛みを訴えます。

Point 2 ● アキレス腱の部分が凹んでいる

完全断裂の場合はアキレス腱があるべき部分が凹んでいます（②）。

Point 3 ● ふくらはぎを握っても足背が動かない（トンプソンテスト）

足は通常、ふくらはぎを握ると底屈しますが、アキレス腱断裂の場合は底屈しません（③）。

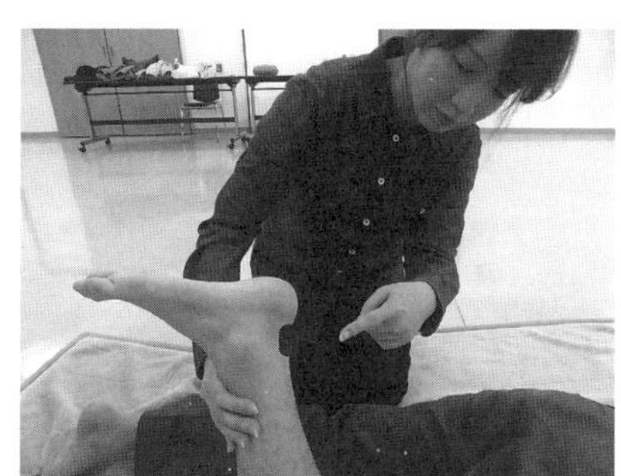
②アキレス腱の部分が凹んでいる

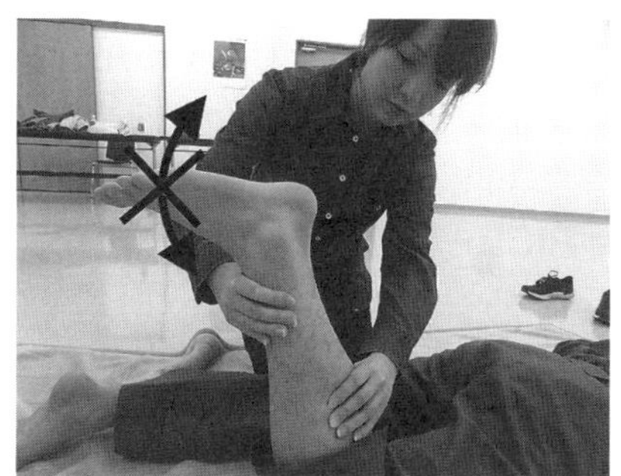
③ふくらはぎを握っても足背は動かない

3 処 置

受診前に尖足位で**固定する必要はなく**、そのまま医療機関を受診します。痛みや腫れに対してはPRICEが有効です（p. 59-61参照）。

4 解 説

治療には、手術でアキレス腱を縫合する手術療法と、ギプスで足関節を尖足位のまま固定して腱の再建を待つ保存治療があります。現在は手術が主流で、術後2週間からリハビリをはじめます。運動に完全に復帰するには半年程度かかります。

こんなことがありました

教職員のレクリエーション大会でのことです。準備体操を終えて、ミニバレーボールに出場するためパス練習をしていた際に、一歩前に出てボールをレシーブしようとしたところ、左足アキレス腱部に蹴られたような痛みを感じ、前のめりに倒れ動けなくなりました。

アキレス腱部を確認すると、凹んでいるようでした。救急車を要請し、到着までの間、うつ伏せにしてつま先を伸ばした状態で固定し、医療機関へ搬送しました。診断の結果、アキレス腱断裂で、手術はせずギプス固定で治療となりました。

RICE → PRICE → POLICE ?

1）言葉の変遷

捻挫や肉離れなどの保存的治療として、以前はRICEと言われていたものが今はPRICEと言われるようになってきました（p. 59参照）。Protectionではシーネ（副木）などで患部をがっちり固定します（図1）。弾力包帯だけでは足首などの患部の動きが抑制できず、創部の安静が保てないからです。

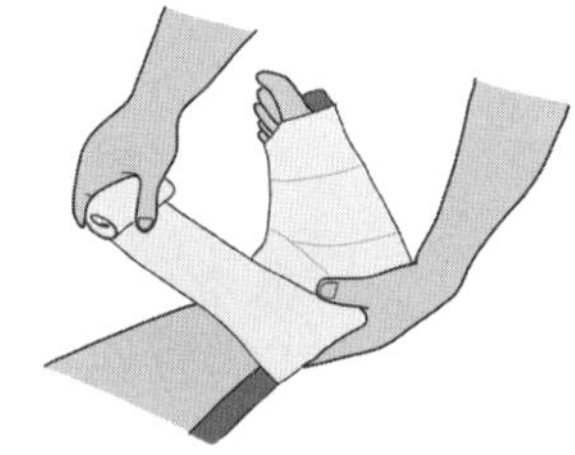

図1
Protection。シーネによる患部の固定

PRICE＝RICE＋Protection（保護）

P：protection（保護。患部を守る）
R：rest（安静）
I：icing（冷却）
C：compression（圧迫）
E：elevation（挙上）

さらに、POLICEと言われることもあります。POLICEはRestの代わりにOptimal Loading（適切な負荷）が入ったものです。

POLICE＝PRICE－REST＋Optimal Loading

P：protection（保護。患部を守る）
OL：optimal loading（適切な負荷）
I：icing（冷却）
C：compression（圧迫）
E：elevation（挙上）

（→ p. 67へ続く）

6 肉 離 れ

筋肉が収縮している時に急に伸ばされることによって筋肉の構成要素が損傷することをいいます。運動中に下肢に起こることがほとんどです。

1 フローチャート

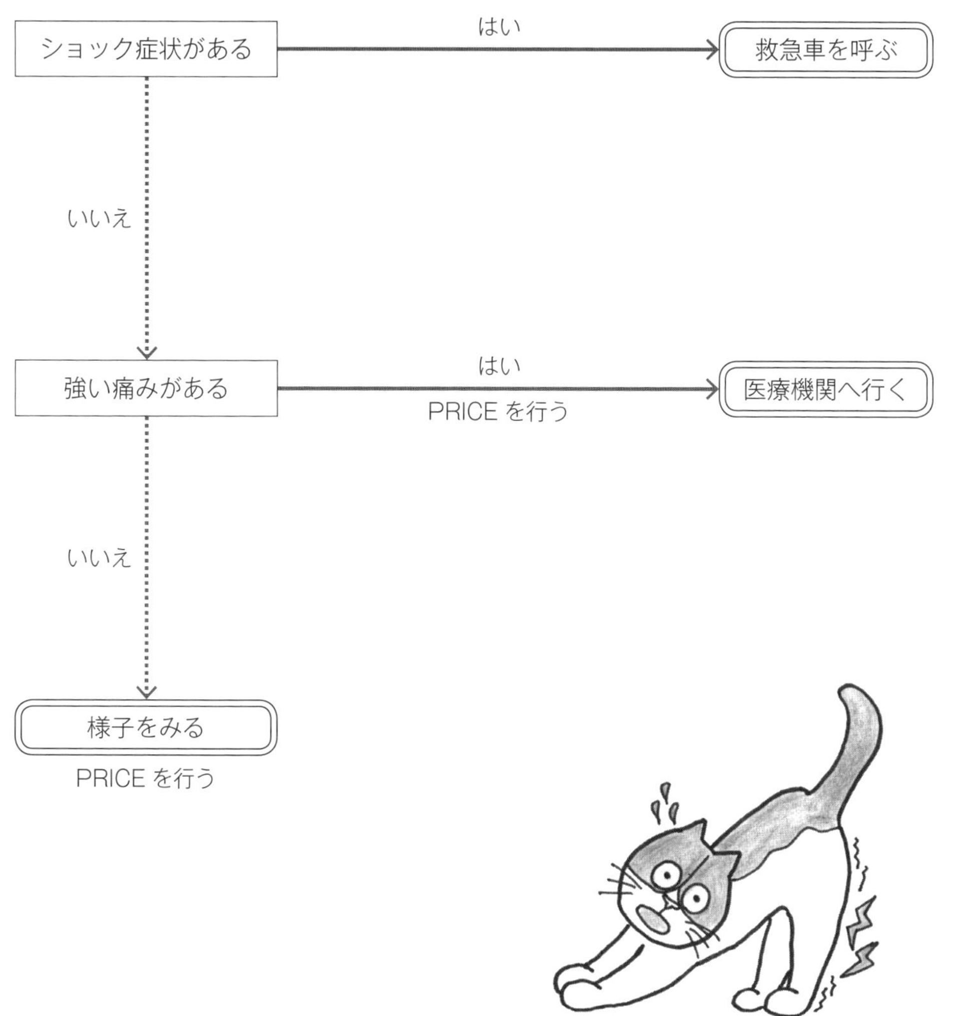

2 判断のポイント

Point 1 ● 発症の様子（①）

激しい運動中に下肢の筋肉が痛くなれば肉離れを疑います。痛みの程度は損傷の場所と程度によります。

Point 2 ● 押すと痛い（②）

自発痛に加えて圧痛があれば肉離れです。ひどい場合には痛い場所が凹んでいます。

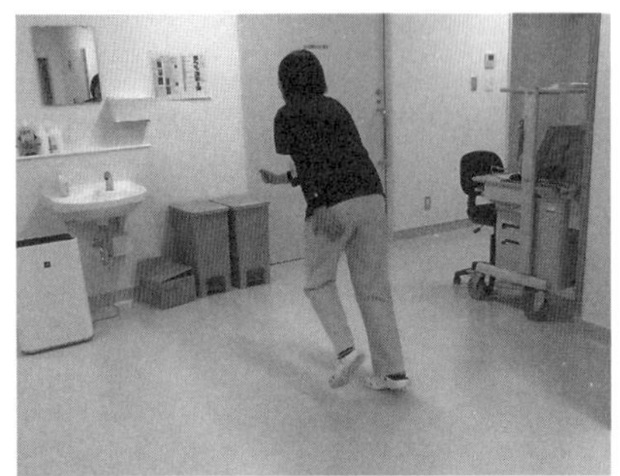

①発症の様子。太ももの肉離れ

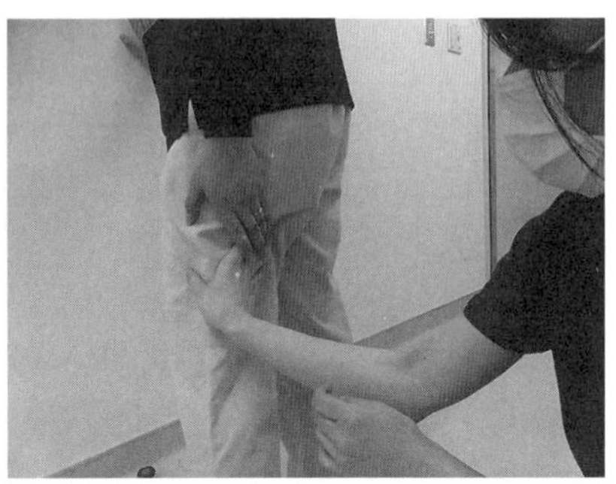

②押すと痛い

3 処　置

1）PRICEを行う

受傷直後はPRICEを行います（p. 59-61参照）。慢性期では、医師の指示にしたがって処置を行います。

4 解　説

1）筋肉が力に負けて損傷する

肉離れは収縮している筋肉に引き伸ばす力が加わることによって発症します。短距離走で太ももに激痛が走り転倒するものや、サッカーでシュート後に激痛が走るといった場合が典型例です。

2）処置は捻挫と同じ

処置は捻挫と同様です。発症直後は痛みや腫れを軽減するためにPRICEを行います。発症後24時間以降は温熱療法で損傷部位の再生を期待します。痛みが強い場合は医師の指示にしたがいます。治療では手術になることはなく、保存治療で回復します。

3）予防が大切

運動前のストレッチ、運動後のマッサージが肉離れに有効です。

こんなことがありました

教職員体育大会の野球の試合で、ヒットを打ち大活躍していた若い教員が走塁でダッシュしたところ、太もも裏に激痛が走り、グラウンド上で動けなくなりました（本人曰く、イヤな音がしたそうです）。医療機関の受付終了時刻が迫っていたため、応援していた管理職が機転を利かして、すぐに自家用車で負傷した本人を近くの整形外科に搬送しました。

RICE → PRICE → POLICE ？（つづき）

2）Optimal Loading（適切な負荷）とは

Optimal Loading（OL）は受傷１～３日後からの処置です。長期の安静は局所の血流を低下させ、回復を遅らせます。そのため、早い段階から痛くない程度の運動を付加することによって血流を促進させて回復を促すのがOLです。OLの内容は文献[1)]によると「患者が水平な床を補助具なしで痛みなく歩ける場合、受傷後72時間以内にエクササイズを開始する。タオルを用い、15～30秒のストレッチを10～20回繰り返す。次に片足で20～30秒立つことを10回行う。この二つのエクササイズは１日３～４回行う」としています。Webを見ると受傷後２～３日の段階で痛みに耐えられる程度の負荷をかけると書かれています[2)]。最初の負荷に耐えられるようなら徐々に運動量を増やしていきます（図２）。

1）J Taibah Univ Med Sci 2018；13（6）：576-81
2）https://www.physioprescription.com/2018/03/08/torn-ligament-or-pulled-muscle-management/

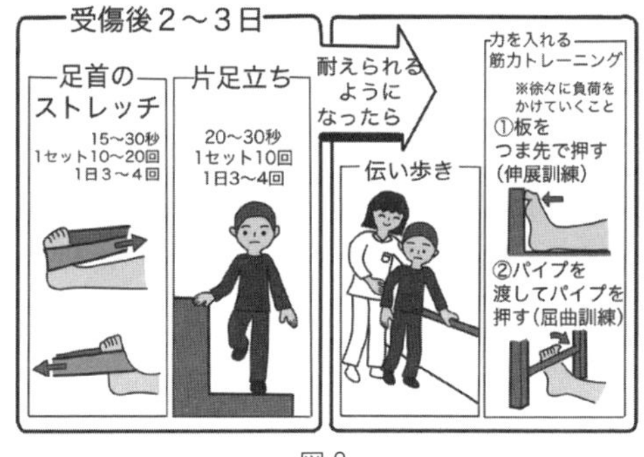

図２
Optimal Loadingの一例

7 脱　臼

関節内で骨が本来の場所から外れることを脱臼といいます。頻度として多いのが肩関節の脱臼と突き指です。骨が外れるだけでなく骨折も伴うことがあります。

1 フローチャート

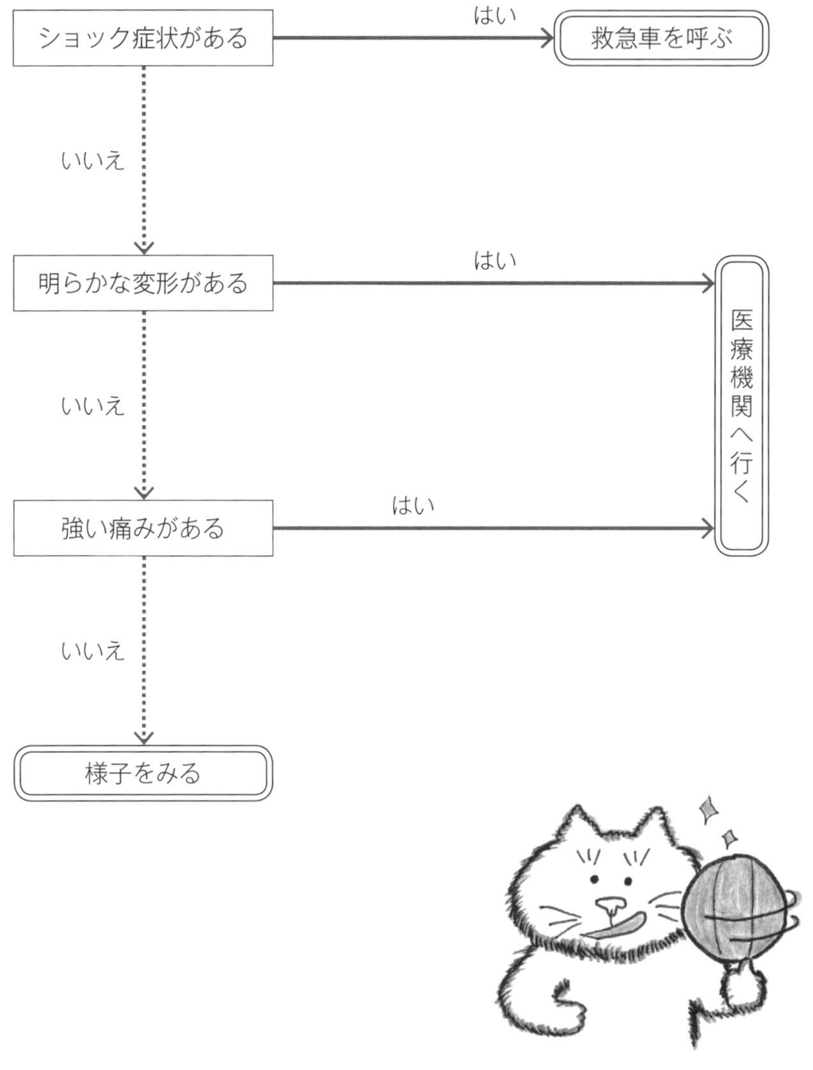

2 判断のポイント

Point 1 ● 変形している（①）

肩関節の脱臼では、患側の肩が凹んで下がっています。突き指では指が側方に曲がります。

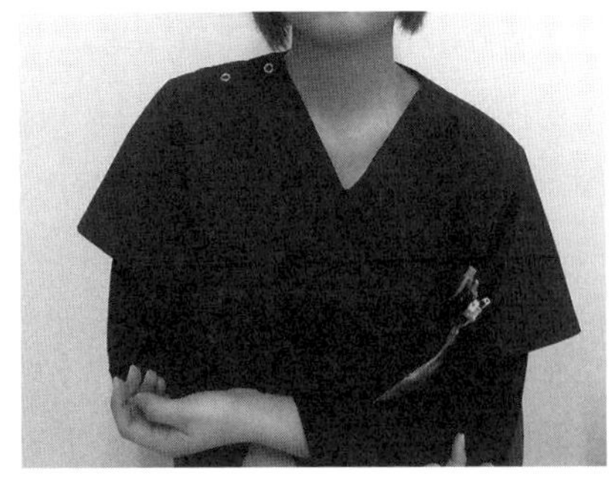
①変形している

3 処 置

1）固定する（②）

そのままの形で固定して医療機関を受診します。肩関節の場合は上肢を三角巾などで吊るし、さらにタオルなどで上腕を胸郭に固定します。突き指では割り箸などを指に巻きつけて固定します。

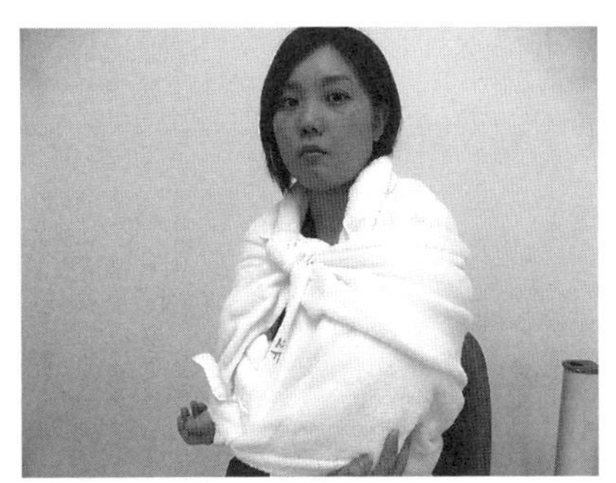
②固定する

2）冷やす（③）

痛みと腫れを軽減するため冷やします。

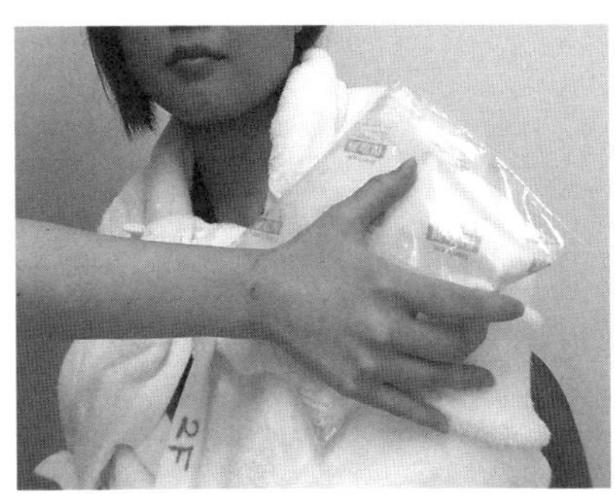
③冷やす

4 解　説

1）肩関節脱臼

肩関節は浅い皿の上にボールが載っているような、非常に外れやすい形状をしています。倒れる時に腕が後ろや前に引かれると、皿からボールが落ちるように脱臼します。脱臼する時に関節を包んでいる膜や筋肉の付け根が切れるため、強い痛みを感じます。脱臼をよく起こす習慣性脱臼であっても、まれに骨折を伴っている場合があるので、必ず医療機関を受診します。

脱臼する時には骨は肩関節の構造を破壊するため、一度脱臼を起こすとまた脱臼しやすくなります。医療機関では繰り返す脱臼に対して肩関節形成術を行います。

2）突き指

突き指で多いのは指の先端の関節で、次にその下（体幹側）の関節です。痛みに加えて変形があれば脱臼しています。そのままにしておくと変形が残るので必ず医療機関を受診します。

医療機関では脱臼だけなら整復固定を行います。骨折を伴っている場合には手術をすることもあります。

こんなことがありました

教職員チームのバレーボールの練習をしていた時、転倒して床に手をついて右手の薬指と小指の骨が外に出てしまいました。開放性の脱臼でした。

すぐに処置をしてもらおうと近くの医療機関を受診しました。整形外科の専門医がすぐにレントゲンを撮ってくれました。そこで『脱臼です。ここで骨を入れましょうか』といわれました。『けがをしたのが体育館なので、今ここで骨を中に入れては感染症の危険はありませんか』というと『そうですね、では手術にしますか』といって手術室に運ばれました。まったく医師が信じられなくなった私は手術を見せてほしいといったのですが、法律で見せられないとカーテンを引かれました。『手術してよかったですね。神経や腱も断裂しています。骨に沿わせて入れておきますね』と骨を入れて２本の針金を指に刺して処置は終了しました。

それから、指は曲がったままで伸びません。手術直後はまっすぐに治るといわれていたのに…。後日、指をまっすぐにしてほしいといったら、『指の専門医に回します』といわれて、そこで無理だといわれました。あれから、何十年たっても指は曲がったままで痛みもあります。

---

8 擦り傷

保健室で行う処置で最も多いのが擦り傷です。現在は湿潤療法（水で洗う・消毒しない・保護材で覆う）が主流となっています。

1 フローチャート

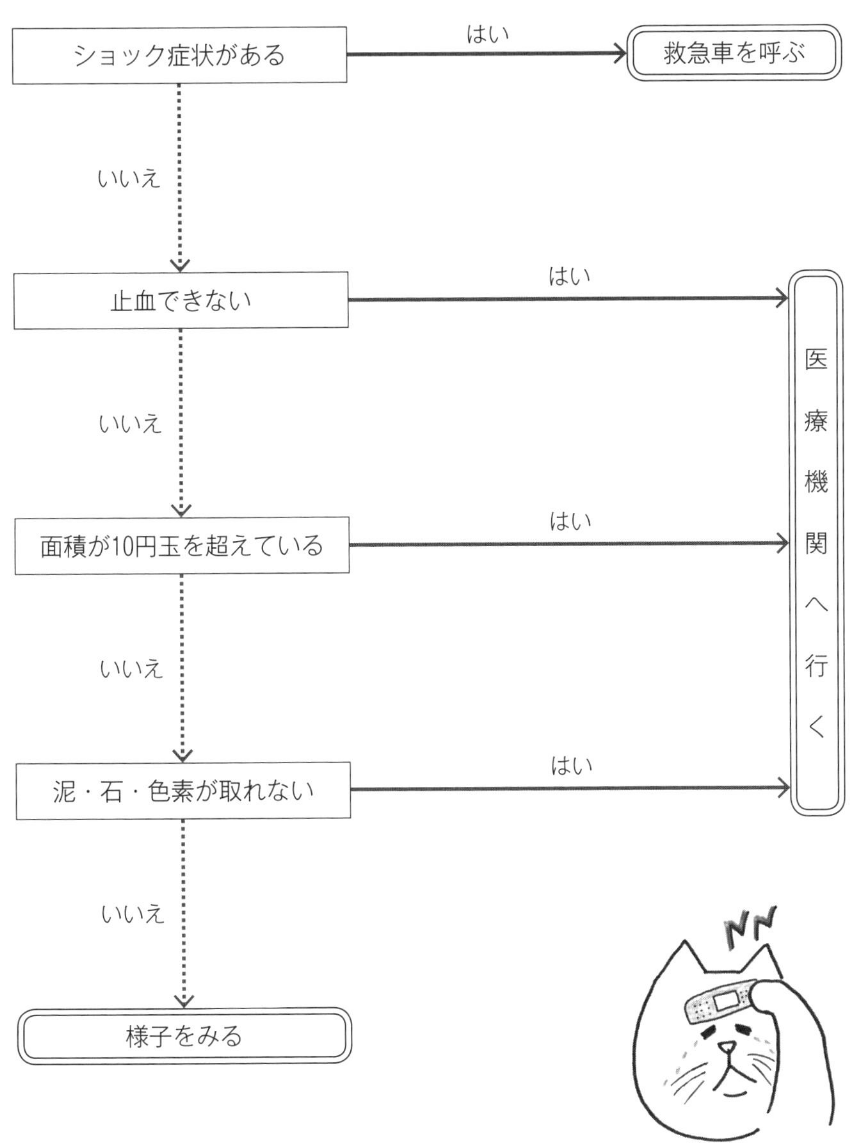

2 判断のポイント

Point 1 ● 受傷範囲が広い場合は医療機関へ（①）

受傷範囲が広くなると治癒に時間がかかり、感染の可能性も高くなるので、医療機関で適切な処置を受けます。

Point 2 ● 異物が取れない場合は医療機関へ（②）

組織内に砂や小石などが入り込んだままにしておくと、外傷性刺青になる可能性があるので、医療機関を受診します。

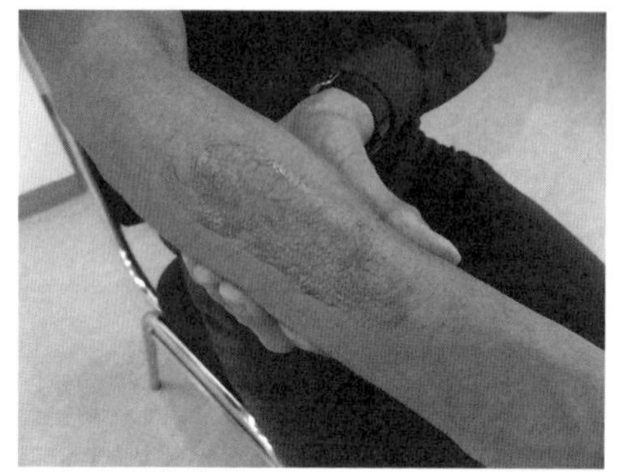
①範囲が広い

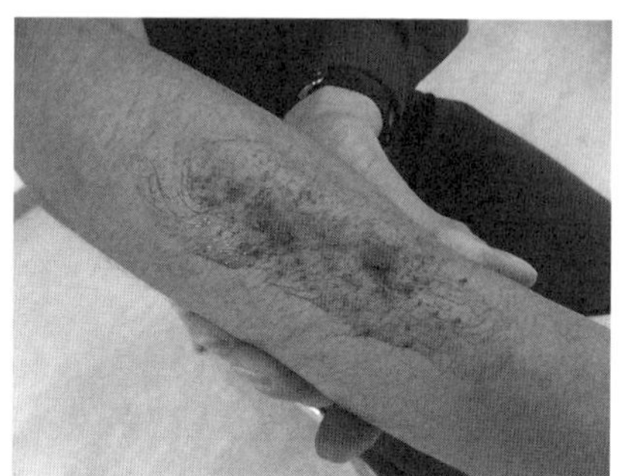
②異物が取れない

3 処　置

1）洗う

擦り傷の処置の基本は、傷口をきれいに洗い流すことです。傷口を**流水でしっかりと洗い**（③）、付着している泥や土を洗い流します。

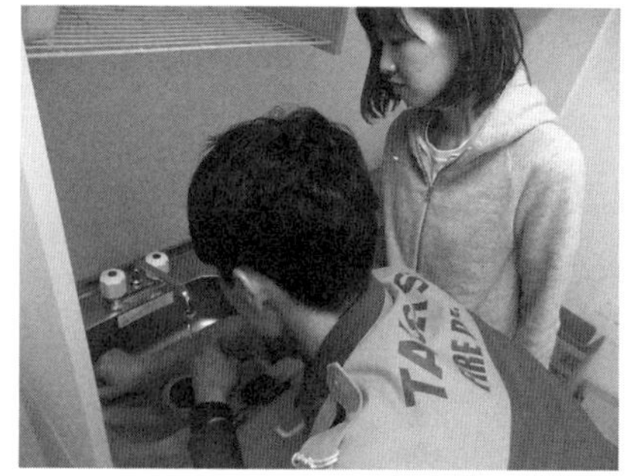
③傷口を流水で洗う

2）被覆する

傷口を市販の傷口保護材で被覆します。消毒は必要ありません。出血があれば、出血部を清潔なガーゼやハンカチなどで覆い、手・指・包帯などで直接圧迫して止血します。

4 解 説

1）流水で洗う

皮膚がめくれたり欠損した状態なら、傷口を流水で丁寧に洗い流し、表面についた泥や石を取り除きます。消毒は必要ありません。水で洗い流せない異物が残っている場合は、念のため医療機関を受診します。傷口の縁に泥が残って化膿することがあるので注意します。

2）消毒は不要

きれいに水洗いできれば化膿のリスクは低くなります。万一化膿した場合も、皮膚の表面のみで済みます。

3）外傷性刺青を防ぐ

汚れが皮下組織に埋まっている場合は外傷性刺青になる可能性があるので、医療機関を受診します。

4）湿潤療法

傷口は消毒せずに、水道水でしっかり水洗いしてラップ材で被覆し、乾燥させずに治療する方法です。この方法では、細胞の再生に必要な湿潤環境が保たれることと、消毒薬によって傷口周辺の正常な細胞まで破壊されるのを防ぐことができます。

湿潤療法は、擦り傷、熱傷、挫創、裂創など、皮膚欠損のすべてに適用できます。10円玉程度の皮膚欠損であれば、4日から7日ほどで皮膚の再生は完成します。

利点は、早くきれいに治ることと痛みがほとんどないことです。欠点は、維持に手間がかかることと悪臭がすること、認知度が低いことです。感染の可能性については、湿潤療法でも従来の乾燥療法でも同等です。

湿潤療法の方法は次の通りです。

（1）傷口を洗う。

傷口をきれいに洗います。水道水でも生理食塩水でも効果は同じです。

（2）ラップ材を貼って被覆する（④）。

（3）浸出液が大量に出るため、定期的にラップ材を交換する（⑤）か浸出液を除去する（⑥）。

翌日には健常な皮膚や毛根から、皮膚の再生が観察できます。

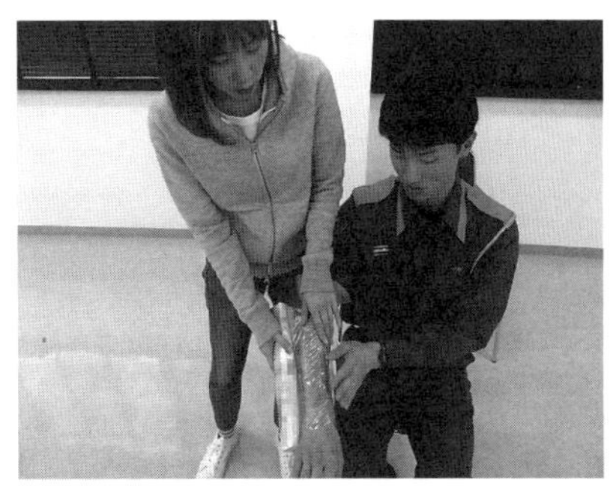

④ラップ材で被覆する

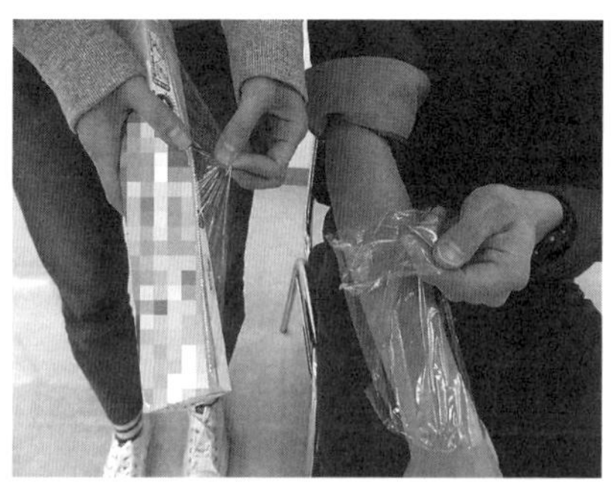

⑤定期的に交換する

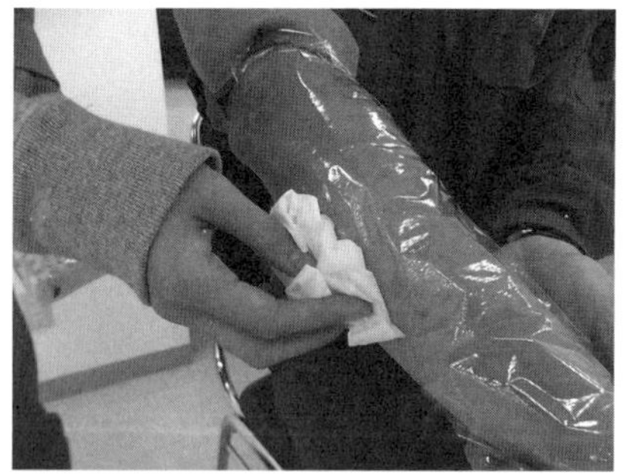

⑥浸出液を除去する

豆知識

湿潤療法は、次の理由により保健室で行うには制限があります。

(1) 繰り返す処置は医療行為になる

湿潤療法では傷の治り具合と化膿の程度を確認するために定期的に創部を観察する必要があります。この観察や被覆材の交換は医療行為に当たる可能性があり、保健室で行う場合はその後のフォローは本人と保護者に任せなくてはなりません。

(2) 被覆材は高価

購入している学校もあるようですが、被覆材は高価です。

(3) 患児や保護者の理解が得られるか

従来の「乾かしてかさぶたをつくる」乾燥療法が根強く残っているため、治癒が長引いた場合に養護教諭の責任を問われる可能性もあります。患児や保護者の理解が得られれば行っても良いでしょう。

こんなことがありました

1 小学4年生の女子児童が鬼ごっこをして遊んでいた際に、体育館の下の鉄製の換気口に膝を強打し、挫創のように切ってしまいました。受診したところ、幸い傷は深くなく、保湿絆創膏で覆っての治療で治りました。

2 私の娘が小学2年生の時に鉄棒から落ちて額から着地しました。左眉の上、縦3㎝横5㎝くらいの表皮剥脱があり真皮には凹凸ができていました。砂も残っています。医療機関を受診し、液体の麻酔薬で表面麻酔を行い、生理食塩水で徹底的に洗いました。医療用のフィルムを貼っていたところ、3日後には上皮の再生が完了、5日でフィルムを外しました。傷跡なく完治しています。湿潤療法の威力を見た思いがしました。

---

9 脊髄損傷

高いところから落下する、浅いプールに飛び込むなどして首や背中をけがした場合、脊髄が損傷して麻痺などの後遺症を残すことがあります。ここでは、重症度の高い頸髄損傷を中心に解説します。

1 フローチャート

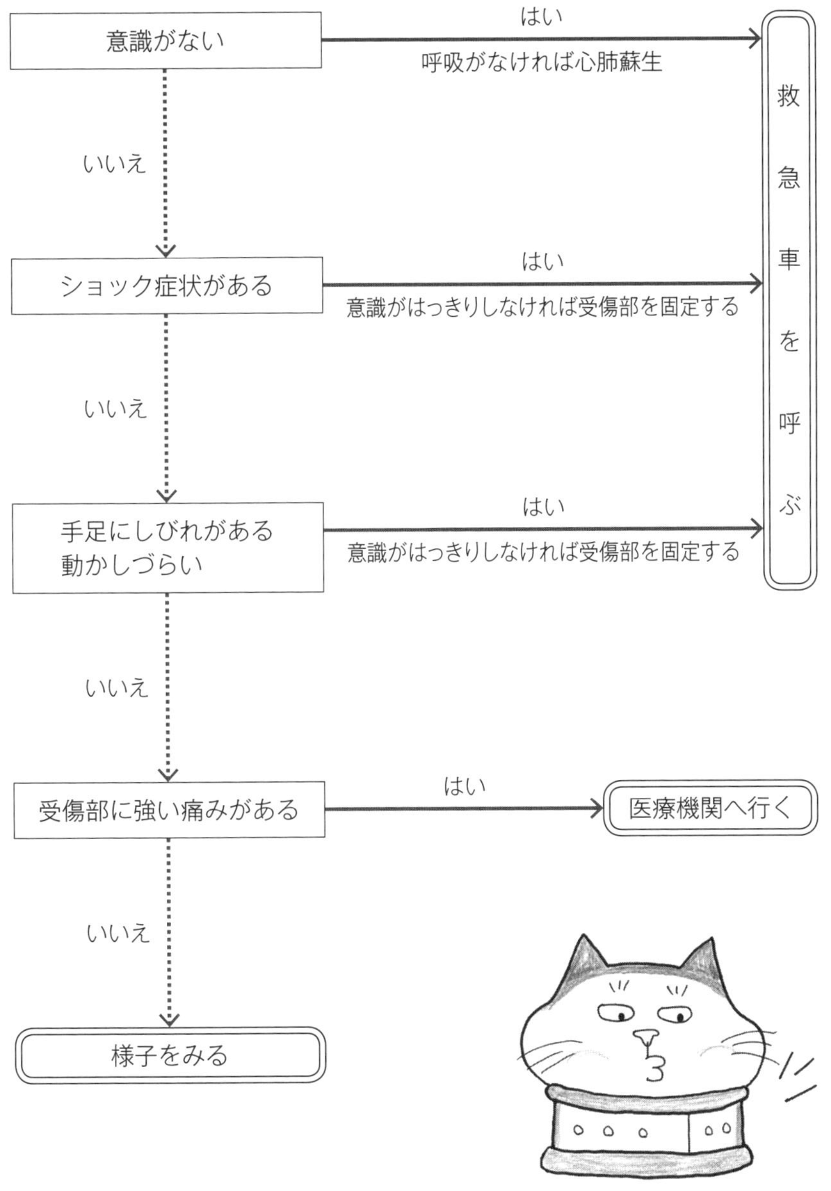

2 判断のポイント

Point 1 ● ショック症状はあるか（①）

脊髄損傷では受傷直後に血圧が低下します。

Point 2 ● 手足がしびれる、動かしづらい（②）

脊髄損傷の可能性があります。

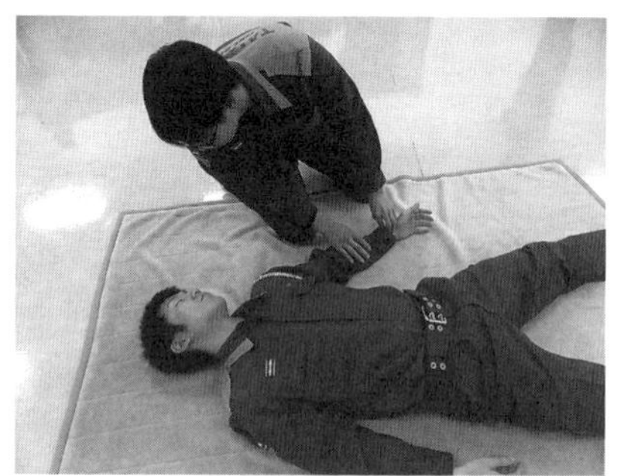
①ショック症状があるか確認する

②手足のしびれ、動かしづらさを確認する

3 処　置

1）固定する*

意識障害があり、頸髄損傷が疑われる場合は、頭部をボウリングのボールを持つように両手でしっかりと保持します（③）。長時間になる場合は数人で交替するか、毛布を用いて首を包みます（④）。首に強い痛みや抵抗があれば、それ以上動かさずそのままの状態を維持します。

胸髄損傷が疑われる場合も、背中の痛いところを動かさないように左右から押さえ固定します。

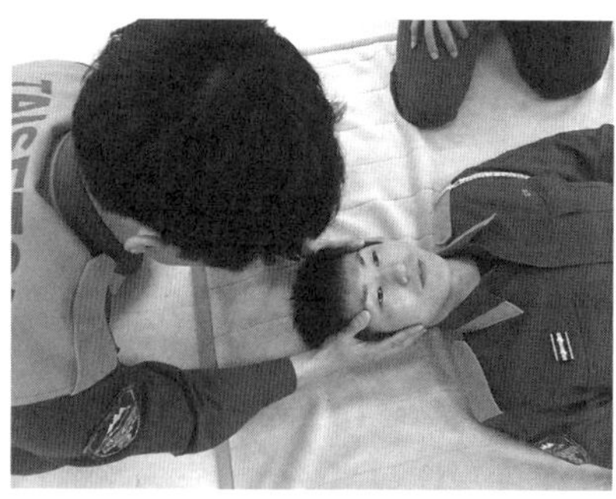
③両手でしっかりと保持する

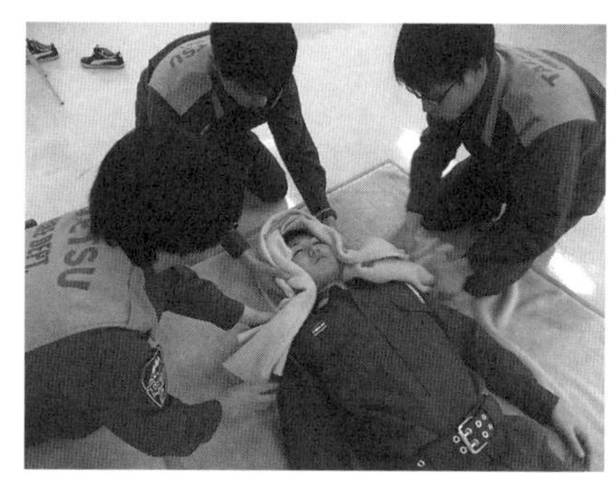
④長時間になる場合は毛布を用いる

＊JRC蘇生ガイドライン2020では、固定について「推奨も否定もしない」としています（p. 366）。意識障害がない患児に対しては、固定は不要です。

4 解　説

頭に近い脊髄（頸髄）が損傷した場合（第1、2、3、4頸髄）は、横隔膜が動かなくなり、呼吸不全のため救助前に死亡します。それより下の脊髄が損傷した場合は、損傷した場所に応じて四肢が動かなくなります。例えば、第5頸髄が損傷した場合は、肩をすくめることはできても、腕を上げたり指を動かすことはできなくなります（図1）。実際には、同じ部分を損傷しても完全麻痺・不完全麻痺があり、症状は人によって異なります。

症状は**発症直後が最も強く**、時間とともに軽減していきます。頸椎を脱臼していても短時間で回復する例もあるため、意識がはっきりしておらず、しびれや運動麻痺が少しでもみられたら、症状をそれ以上進行させないため、患部を固定して救急車を呼びます。

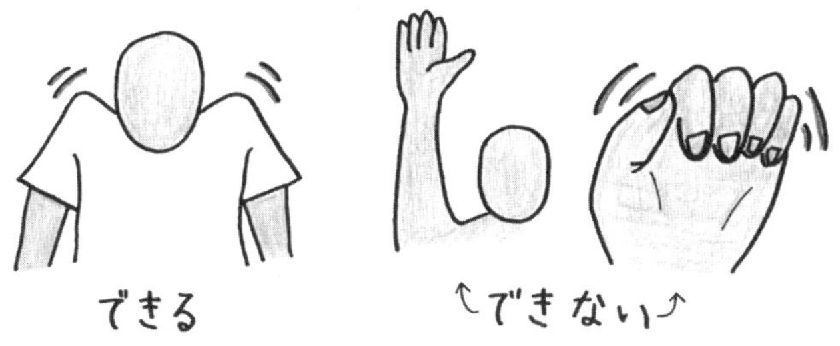

図1
第5頸髄を損傷した場合の麻痺

こんなことがありました

サッカーの部活動中、オーバーヘッドキックを失敗し背中から地面に落ちて、全身に電気が走ったような感覚で体が動かなくなりました。意識ははっきりしていて話すことも可能だったのでその場で安静にしていると、徐々に体が動くようになり脱力感もなくなったので、数分後に練習を開始しました。

翌日も普段どおりの生活を送り、部活動にも参加しましたが、ヘディングをする度に全身に電気が走るような感覚があり脱力もあったため、5分くらい休んでは復活という行動を繰り返していました。

2週間ほど経過し、風邪を引いた際に、首に激痛があったので、はじめて保護者に伝え、受診しました。診断の結果、頸椎脱臼と診断され、大学病院で手術、その後半年間入院となりました。

10 頭部外傷

意識の消失があった場合は迷わず医療機関を受診します。

1 フローチャート

- 意識がない
  - はい → 呼吸がない
    - はい → 心肺蘇生 → 救急車を呼ぶ
    - いいえ → 回復体位 → 救急車を呼ぶ
  - いいえ → 麻痺、痙攣がある
- 麻痺、痙攣がある
  - はい → 救急車を呼ぶ
  - いいえ → 止血できる
- 止血できる
  - いいえ → 救急車を呼ぶ
  - はい → 受傷前後のことを覚えている
- 受傷前後のことを覚えている
  - いいえ → 医療機関へ行く
  - はい → 吐き気、嘔吐、頭痛がある ぐったりして力が入らない
- 吐き気、嘔吐、頭痛がある ぐったりして力が入らない
  - はい → 医療機関へ行く
  - いいえ → 様子をみる

2 判断のポイント

Point 1 ● 意識消失の有無を確認

意識がおかしいと感じたら救急車を呼びます。今は意識が清明であっても、頭を打った前後の出来事を覚えていない場合は意識を失っていたと判断し、医療機関を受診します。意識をなくしたことを隠す患児もいるので、不審な時は周りの子たちに確認しましょう。

3 処　置

1）異常があれば救急車を要請

受傷後に意識がおかしい、痙攣している、鼻や耳からの出血に**透明な液体が混ざっている**（図１）ような場合は、脳にも損傷が及んでいる可能性が高く、非常に危険な状態です。すぐに救急車を呼びます。

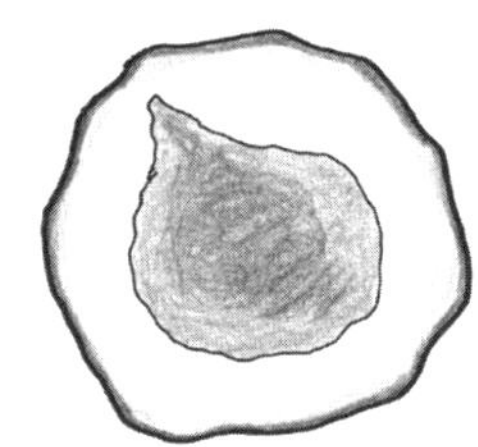

図１
血液と髄液が混ざったもの。頭蓋骨骨折のサイン

2）圧迫止血

頭皮から出血している場合は、出血部位を確認し、清潔なタオルやガーゼを重ねて圧迫し、止血します（①）。

頭や顔の出血は派手なためびっくりしがちですが、10分ほど圧迫することで９割以上が止血できます。止血できない場合は救急車を呼びます。

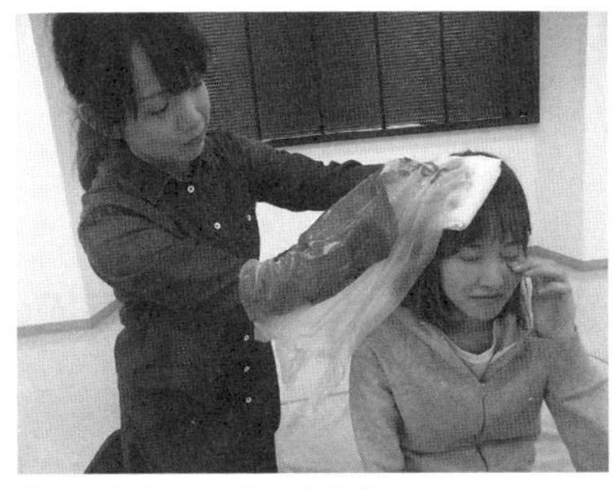

①出血部位を圧迫し止血する

3）経過を観察する

受傷後に嘔吐することがありますが、小児ではよくみられることで１～２回の嘔吐ならばそのまま様子を見ます。

特に症状がなく軽傷と判断した場合は、頭を高くして静かに寝かせ、頭を冷やし経過を観察します。

受傷後、症状が落ち着いていても、数時間・数日たってから頭痛や嘔吐、麻痺などの症状が出てくる場合もあるため、受傷後２～３日は経過を観察します。

4 解　説

1）意識障害

頭のけがで必ず確認しなくてはならないことは、「けがをした時のことを**覚えているか**どうか」です。脳に損傷が起こるほどのけがの場合、必ず意識障害が出ます。

けがの程度があまりひどくない場合には意識はすぐ回復しますが、その場合でも頭を打った瞬間のことや打つ前のことを思い出せない（逆行性健忘）ようなら、見かけよりもはるかに大きなダメージが脳に加わっていると考え、医療機関を受診します。

乳幼児の場合は、頭を打った直後に泣いたかどうか確認します。泣くまでに時間がかかった場合は、医療機関を受診します。

脳振盪では、何時間かたって（8時間くらいが多い）意識が混濁してきて死亡する症例があります（図2）。また、脳振盪を繰り返すことによって脳に器質的な障害が生じます。

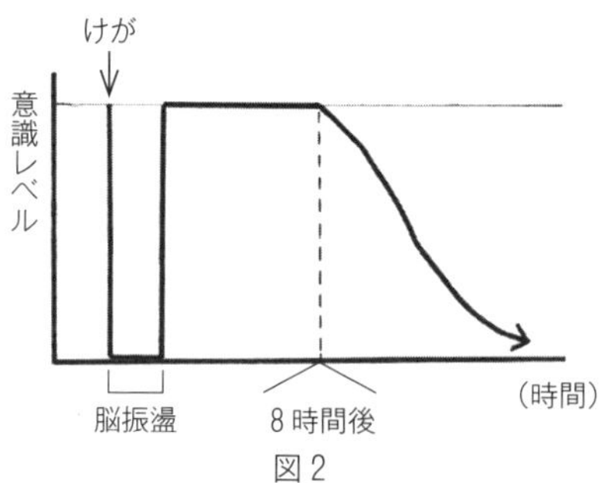

図2
意識レベルの推移。脳振盪であっても8時間以降急速に意識が混濁することがある

2）スポーツにおける脳振盪の取り扱い

スポーツ界では脳振盪を重大事故と捉え、競技の中止および数日の安静を求めるようになってきました。一度脳振盪を起こして時間がたたないうちに、再度頭部に衝撃を受けると、脳に強い障害をもたらすとされているためです。

豆知識

公益財団法人日本ラグビーフットボール協会では、脳振盪発症後は3週間の練習禁止を義務づけています。また、公益財団法人全日本柔道連盟でも脳振盪後2～4週間の練習休止を求めています。

こんなことがありました

1 児童が休み時間に体育館で鬼ごっこをしていたところ、別の遊びで体育館を走り回っていた別の児童と激突しました。本児の顔面と、相手児童の後頭部がぶつかりました。

相手の児童は打撲程度ですみましたが、本児は上前歯からの出血、唇をかんだと思われる傷（出血あり）がありました。前歯のぐらつきは見られませんでしたが、本児がかなり痛がっていたので、保護者に連絡をして迎えに来てもらい、歯医者さんへ連れて行ってもらうようにお願いをしました。

その後保護者から連絡がきて、「帰宅後本児が激しい頭痛を訴え、嘔吐した。すぐに病院を受診したら、脳震盪と診断され１日入院することになった」と話がありました。

この症例以降、首から上のケガについては敏感になっています。

2 高校生の男子生徒が、学校祭の準備期間中の放課後に、教室でしゃがみながら掲示物に色塗りをしていたところ、他の生徒がふざけて、当該生徒の両肩を前から強く押しました。生徒は後ろに勢いよく倒れ、教卓の角で後頭部を強打しました。２～３㎝程度の裂傷により出血しました。止血して、すぐに救急車を要請しました。結構な出血に感じましたが、縫合処置して幸いにも予後は良好でした。

3 高校生の男子生徒が野球部の練習中、他の生徒が当該生徒に投げたボールを捕球しようと頭上に手を出しましたが取り損ね、鼻部にぶつかり鼻出血しました。なかなか血が止まらないため、顧問が救急当番医へ搬送しました（診断書には鼻出血）。翌日も痛みがあるため再度別の医療機関を受診したところ、鼻骨骨折と診断されました。固定で治癒したものの、鼻の通りが悪くなっていることがわかり、形成外科に転院して手術となりました。

11 目の外傷

目の外傷で問題になるのは、骨折と網膜剥離です。まれに外傷性視神経症も経験します。

1 フローチャート

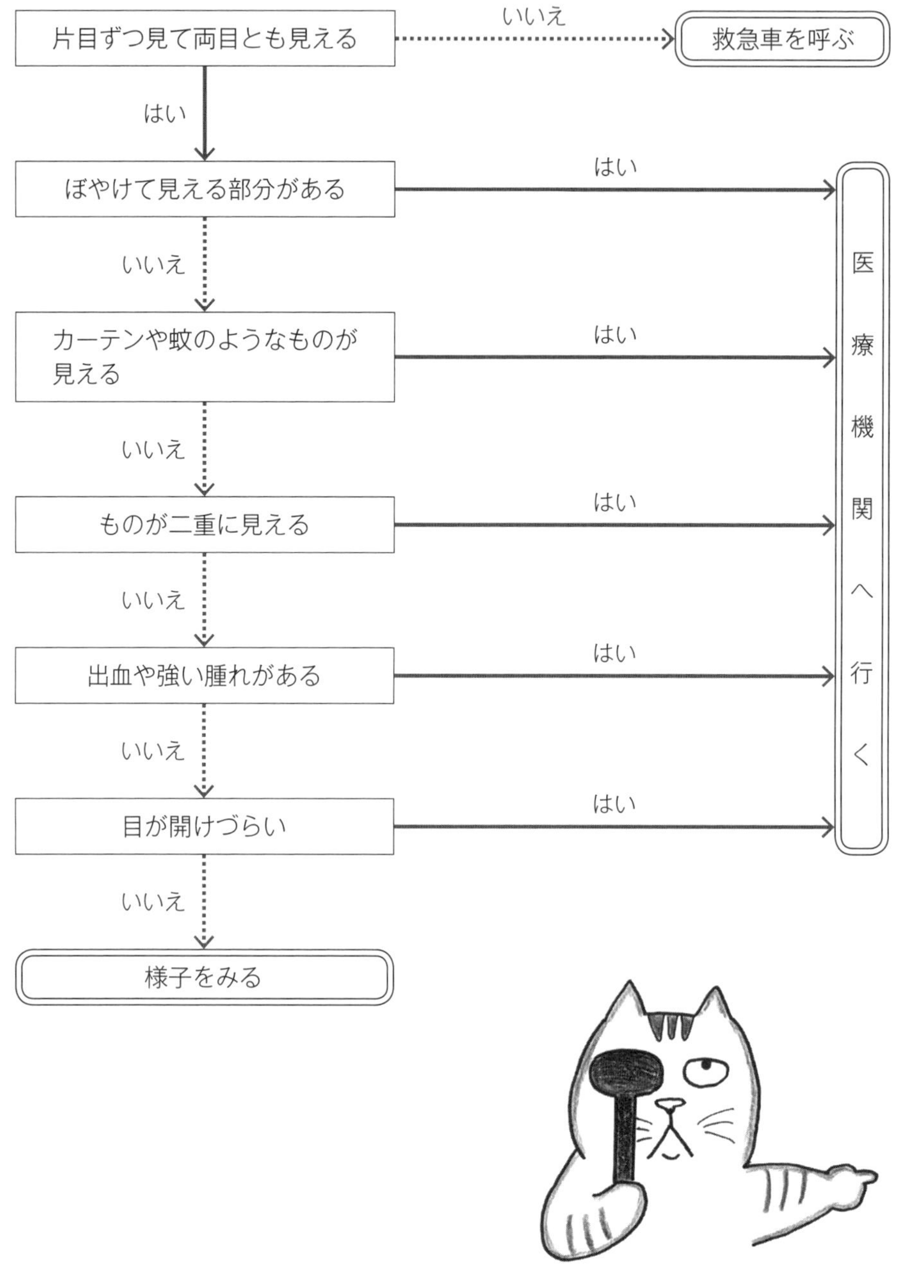

2 判断のポイント

Point 1 ● 見えるか（①）

ごくまれに視神経が障害を受けて視力を失うことがあります。片目ずつ見てどちらかの目が見えないようなら、救急車の対象です。

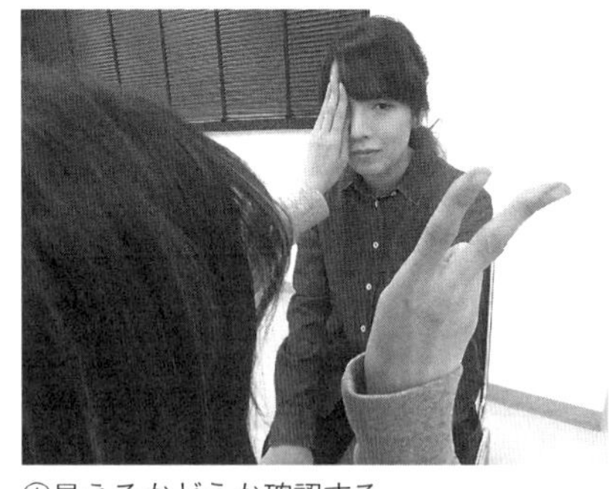
①見えるかどうか確認する

Point 2 ● ものがはっきり見えるか

次に、視力と視野を確認します。ぼやけて見える、光が見える、蚊のような小さいものが飛んでいる、視野の一部にカーテンがかかっている（図１）などの場合は、眼内出血や網膜剥離の可能性があるので、眼科を受診します。

Point 3 ● ものが一つに見えるか

患児の前に立ち、頭を動かさないよう伝えます。どうしても頭が動く場合は、後ろから頭を固定します。自分の指を左右上下に動かし、指に眼球の動きがついてくるか、指がきちんと１本だけ見えるかを確認します（②）。動きが悪い、指が２本に見える場合は骨折の可能性があるので眼科を受診します。

ぼやけて見える

光が見える

蚊のようなものが見える

カーテンがかかっている

図１
見え方。このような症状があれば眼科を受診する

②指に眼球の動きがついてくるか、指が１本だけ見えるか確認する

3 処　置

1）冷やす

打撲の場合、普段どおりに見えているか確認し、腫れや痛みがあれば、目を強く圧迫しないよう注意しながら冷やします（③）。

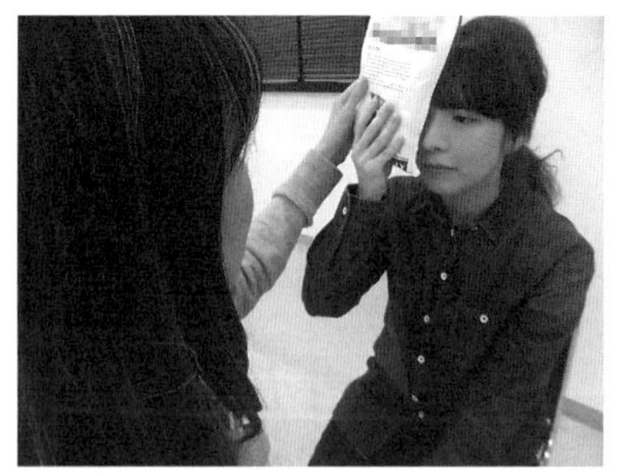

③打撲があれば冷やす

2）経過を観察する

外傷性網膜剥離による視野障害や視力低下は**ゆっくり進行**します。早期発見のため、翌日や１週間後に視野に異常がないか確認します。

4 解 説

1）網膜剥離

眼球に力がかかると眼球は**変形**します。この変形についていくことができず、**網膜に亀裂**ができることがあります。これを外傷性網膜裂孔といいます（図２）。亀裂を放置しておくと亀裂から網膜がゆっくり剥離し出し、視野障害、視力低下が起こります。早急にレーザーで網膜の浮き上がった部分を元のあった部分に焼き付ける手術を行う必要があります。

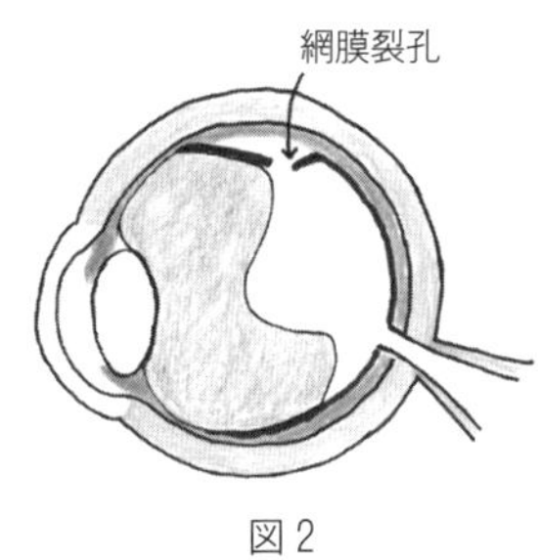

図２
外傷性網膜裂孔

2）目の骨折

眼球にまっすぐ力が加わると眼球がゆがんで、いちばん弱い部分が圧迫されて骨折します。最も多い骨折部位は眼窩底（46.3％・図３）で、次が目頭の奥（36.6％）です（J Craniofac Surg 2018；29：943-5.）。

症状はものが二つに見えること（50.7％）と、眼球の動きが制限されること（54.7％）ですが、神経や眼球自体には損傷が及んでいないので、片目を閉じればきっちり見ることができ、４割以上の患者では**自覚症状がありません**。

そのため、骨折しているかどうかは、眼球を動かして確認します。眼窩底の骨折では、眼球を動

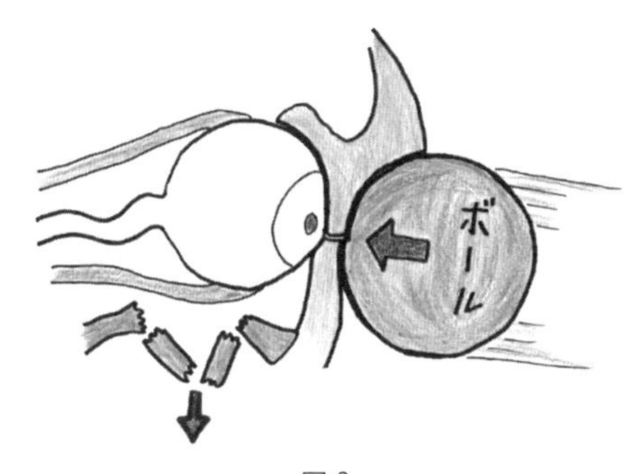

図３
眼窩底骨折

かすことができません。また、下から眼球を見ると骨折側は凹んで見えます（図４）。異常があれば眼科を受診します。

図４
下から眼球を見ると患側は凹んでいる

３）外傷性視神経症

こめかみから眉毛を打撲すると急激に視力が低下することがあります。これを外傷性視神経症といいます。頭蓋骨内から視神経が出る場所で神経が損傷されることになります。症状は受傷直後が最も強く、その後回復していきます。

行うべきことは視力の確認です。異常があれば、フローチャートにしたがい、医療機関を受診します。

こんなことがありました

テニスの部活動中、バックスイングをした際に、後ろに並んでいた生徒の左目にラケットの縁が直撃しました。強い痛みと吐き気を訴え、目が開かない状態だったので救急車を呼びました。処置後の診断は眼球打撲で、安静にするようにとのことでした。それから半年くらいたった頃、「最近、見えづらい」と本人からの訴えがあったので、再度受診をすすめたところ、網膜剥離を起こしていて緊急手術となりました。事故直後は打撲による経過観察でしたが、事故が起因で徐々に剥離が起きていったとのことでした。

外傷性視神経症

地方の病院で当直をしていた時に、「片目が見えなくなった」という青年がやってきました。酒に酔って自転車で転び、眉毛の外側を打ちつけてその直後から目が見えなくなったとのこと。視野検査でも対光反射の検査でも失明は明らかでした。すぐ眼科医を呼び治療を受けさせました。

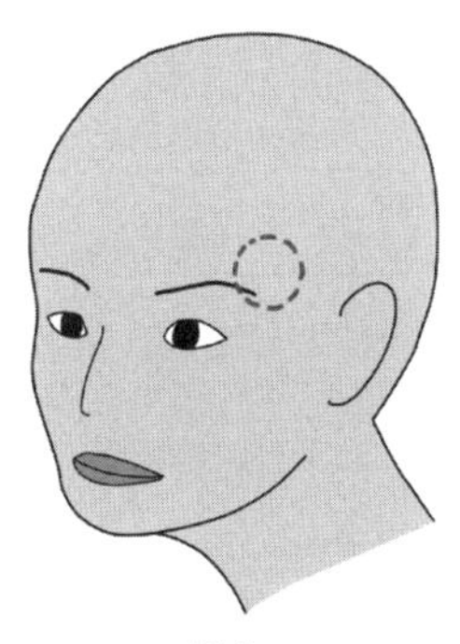
図５
眉毛の外側を打撲すると発症する

外傷性視神経症は眉毛の外側を打撲する（図５）ことにより発症する視神経損傷です。視神経は頭蓋内から眼窩内へ出る時に視神経管という骨の管を通ってきます。さらに視神経管の出口では神経は靭帯によって周囲の骨と強く固定されています（図６）。

外傷性視神経症の原因の一つに視神経管の骨折がありますが、骨折がなくとも神経が引き伸ばされることで微細な神経損傷が起き、それが視力の低下を引き起こします。

治療の第一選択は視神経管開放術です。早期に手術するほど視力の回復が望めるのですが、文献によれば３日以内の手術での改善率は58.4％と６割に満たない程度です（World Neurosurg 2020 Jun；13：138：e564-78）。

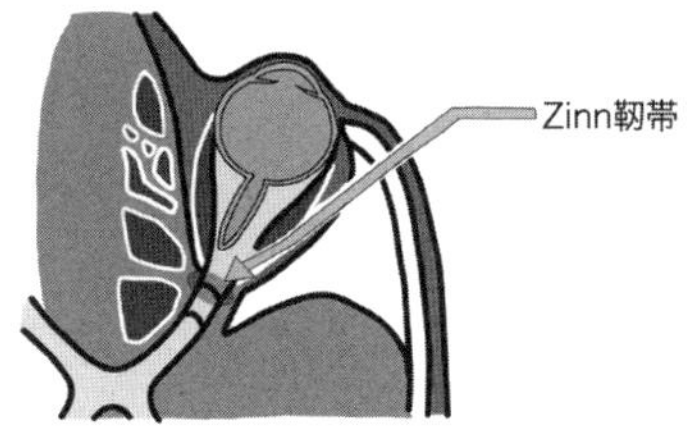

図６
視神経は靭帯で強く固定されている

12 腹部打撲

子ども同士が激しくぶつかるなどして、膝が相手の腹に入ることがあります。遅れて症状が出てくることがあるので経過観察が必要です。

1 フローチャート

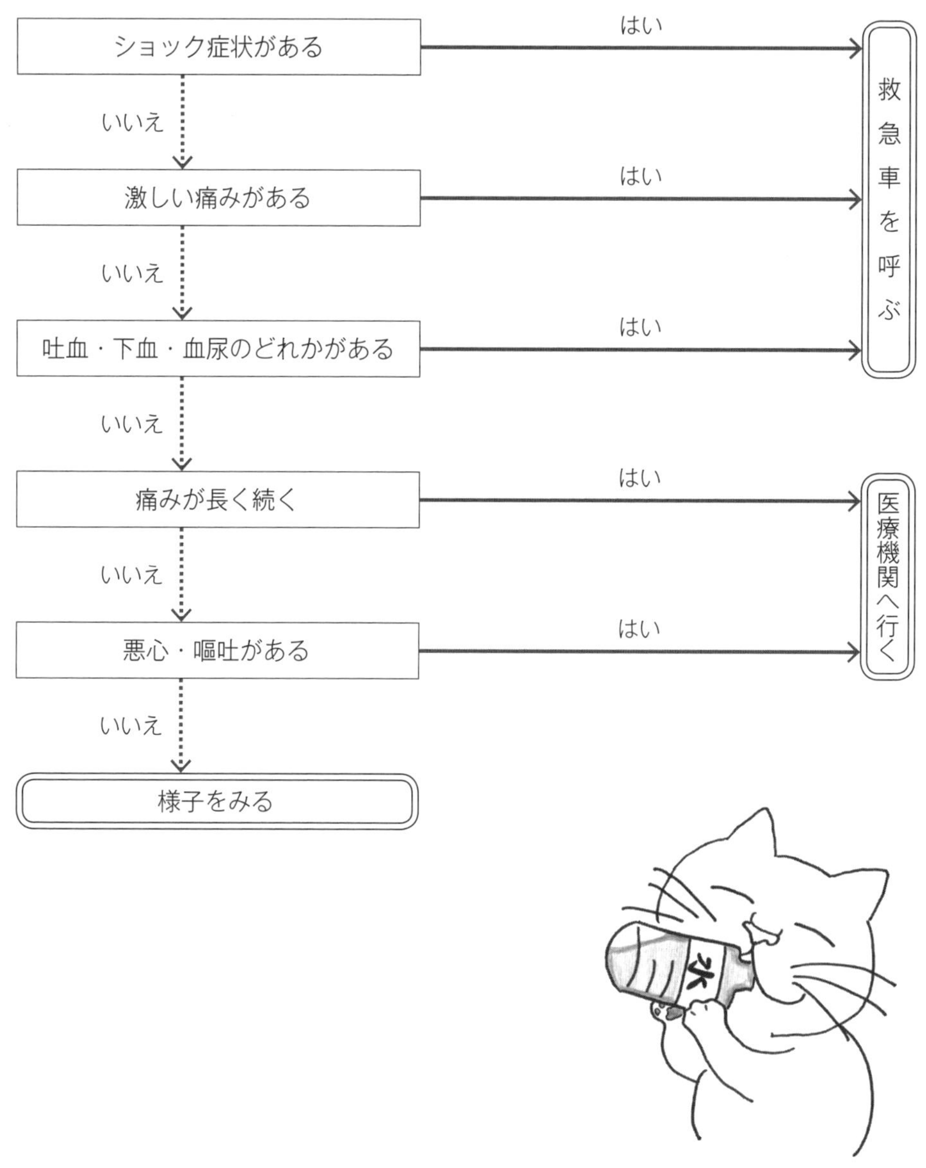

2 判断のポイント

Point 1 ● 打った場所を確認する（①）

打った場所によって症状が異なります。上腹部を打った場合は出血によるショック症状が、下腹部を打った場合は腹膜炎が起きます。

Point 2 ● 経過を観察する（②）

出血や腹膜炎は徐々に症状が強くなっていくので、経過観察が重要です。

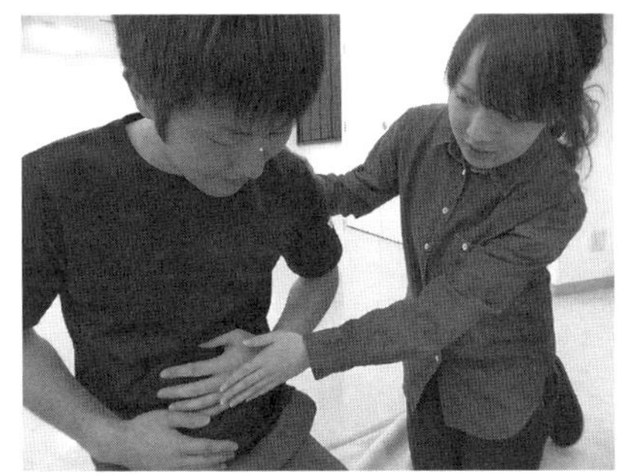
①打った場所を確認する

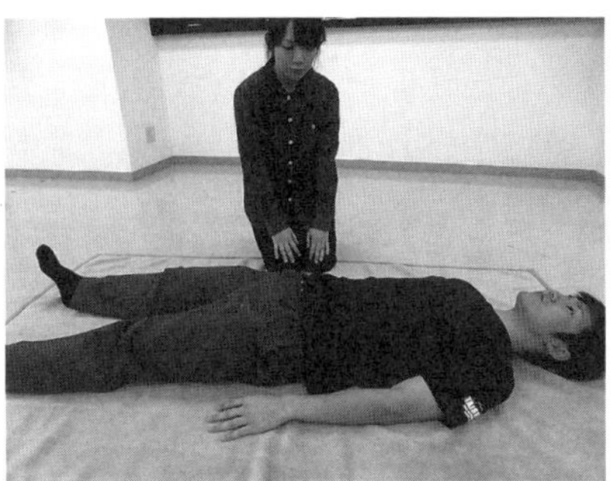
②経過を観察する

3 処 置

1）本人の楽な姿勢を取らせる（③）

打った場所によって横向きや座位など楽な姿勢はさまざまです。本人が一番楽な姿勢を取らせます。

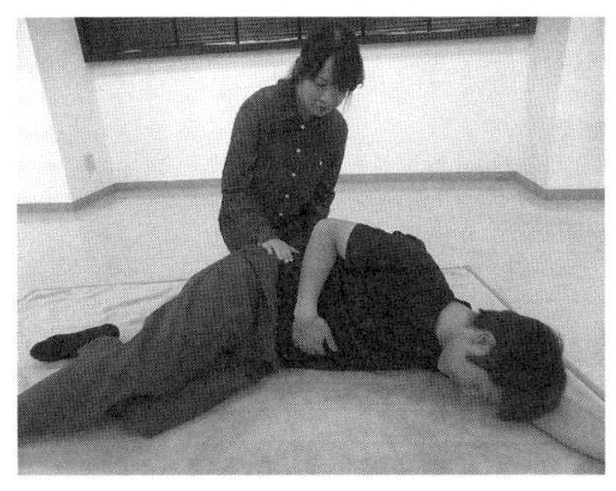
③本人の楽な姿勢を取らせる

2）打撲は冷やす（④）

単なる打撲の場合は、冷やすことで痛みと腫れを抑えることができます。

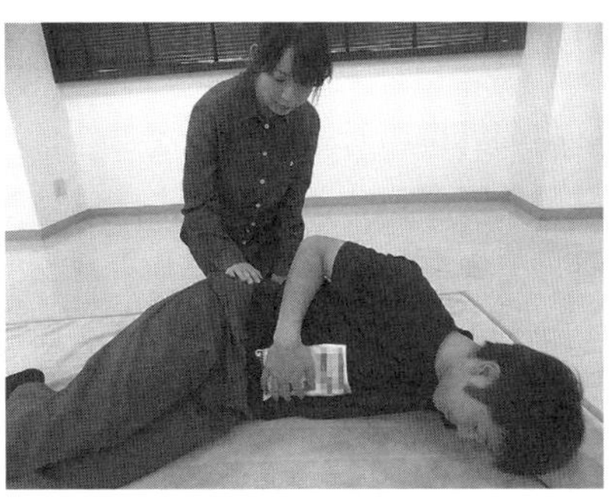
④打撲は冷やす

4 解　説

1）打った場所と症状の関係

腹部の外傷で命にかかわる事態を引き起こすのは、臓器からの出血と消化管の穿孔です。

腹の右上側には肝臓、左上側には脾臓、背中側には腎臓があります（図１）。これらの臓器は、裂けることで出血します（図２）。特に肝臓は大きく尖っているので、たたかれたり蹴り上げられたりすると裂けます。症状としては、腹痛が徐々に強くなります。腎臓の場合では、血尿が出ることでわかります。

これらの臓器が大きく、もしくは同時に裂けるとお腹の中に**大量に出血**して、**急激にショック状態**になります。裂け方が軽微な場合では**ゆっくりとショック状態**に移行します。

また、腸管は強い力で押し潰されることで穴が開いて便が漏れます。その結果、**腹膜炎**を引き起こし、**徐々に痛みが増強**していきます（図３）。

腹部を強打した場合は、顔色は悪くないか、ぐったりしていないか、強い痛みが続いていないかなど、注意深く観察します。また、数日間は経過を観察します。

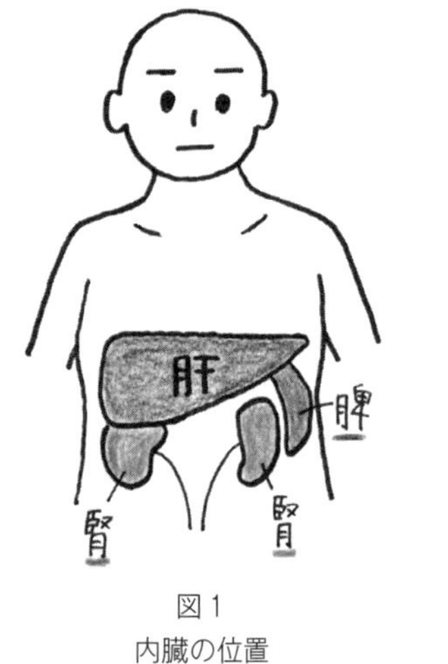

図１
内臓の位置

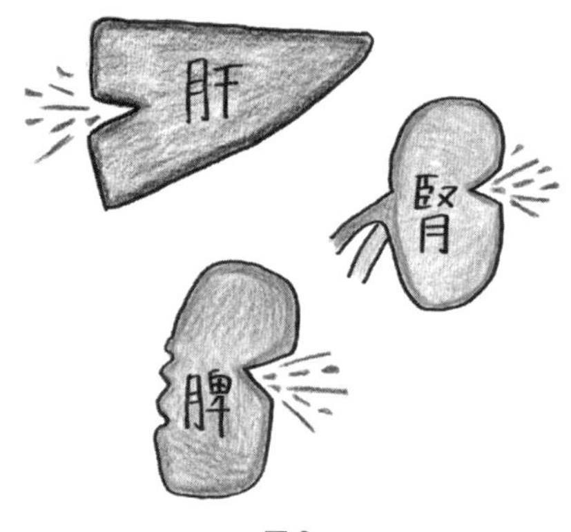

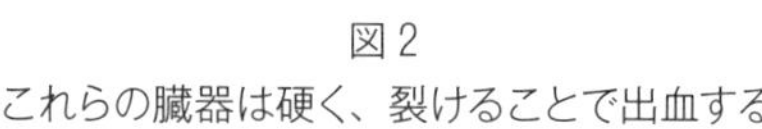
図２
これらの臓器は硬く、裂けることで出血する

図３
腸管に穴が開くと便が漏れ腹膜炎になる

2）観察を怠らないこと

腹部外傷の対応で大切なことは「**すぐには判断を下さない**」ということです。腹部の症状は遅れて発症し、場合によっては手術が必要になることもあります。しっかり観察し、保護者に引き渡す時もしっかり申し送りをすることが大切です。

こんなことがありました

陸上競技大会が終わり移動していたところ、グラウンドに張ってあったロープに気づかず走り抜けて、足がひっかかり転倒しました。手が出ず、顔と腹部を砂利の地面に強打してしまいました。顔は擦り傷だったので応急処置をし、腹部は外傷がなかったので、とりあえず痛むところを冷やしました。その後、保護者へ連絡し帰宅させましたが、翌日まだ腹部が痛むと訴え、また顔色も悪かったので医療機関を受診したところ、肝臓損傷と診断されました。事故当日に受診をすすめるべきでした。

私が経験した外傷を３例紹介します

1）大学生のときのこと。体育でソフトボールをやっていたところ、外野フライを取る時にクラスメートが２人激突しました。その時にはなんともなかったのですが、１人がその後肉眼的血尿を訴え、入院となりました。

2）夜中、交通事故で４人が病院に運ばれてきました。２人は即死。１人はショック状態でそちらにかかりきりになっていたところ、もう１人が30分後にショック状態になりました。肝臓損傷によるショックでした。限られた人数で診察する難しさを痛感しました。

3）農家の女性の方が、「馬に腹を蹴られた」と病院を訪れました。痛みも軽く、自分で歩くことができます。湿布を出して帰したのですが、後日、「血尿が出て隣町の病院に入院した」と聞きました。簡単な尿検査くらいするべきでした。

13 歯の脱臼

外傷で歯が抜けた場合、条件が良ければ元通りになる可能性があります。また、歯が折れた場合も接着することができる場合があるので、あきらめずに歯科医院を受診します。

1 フローチャート

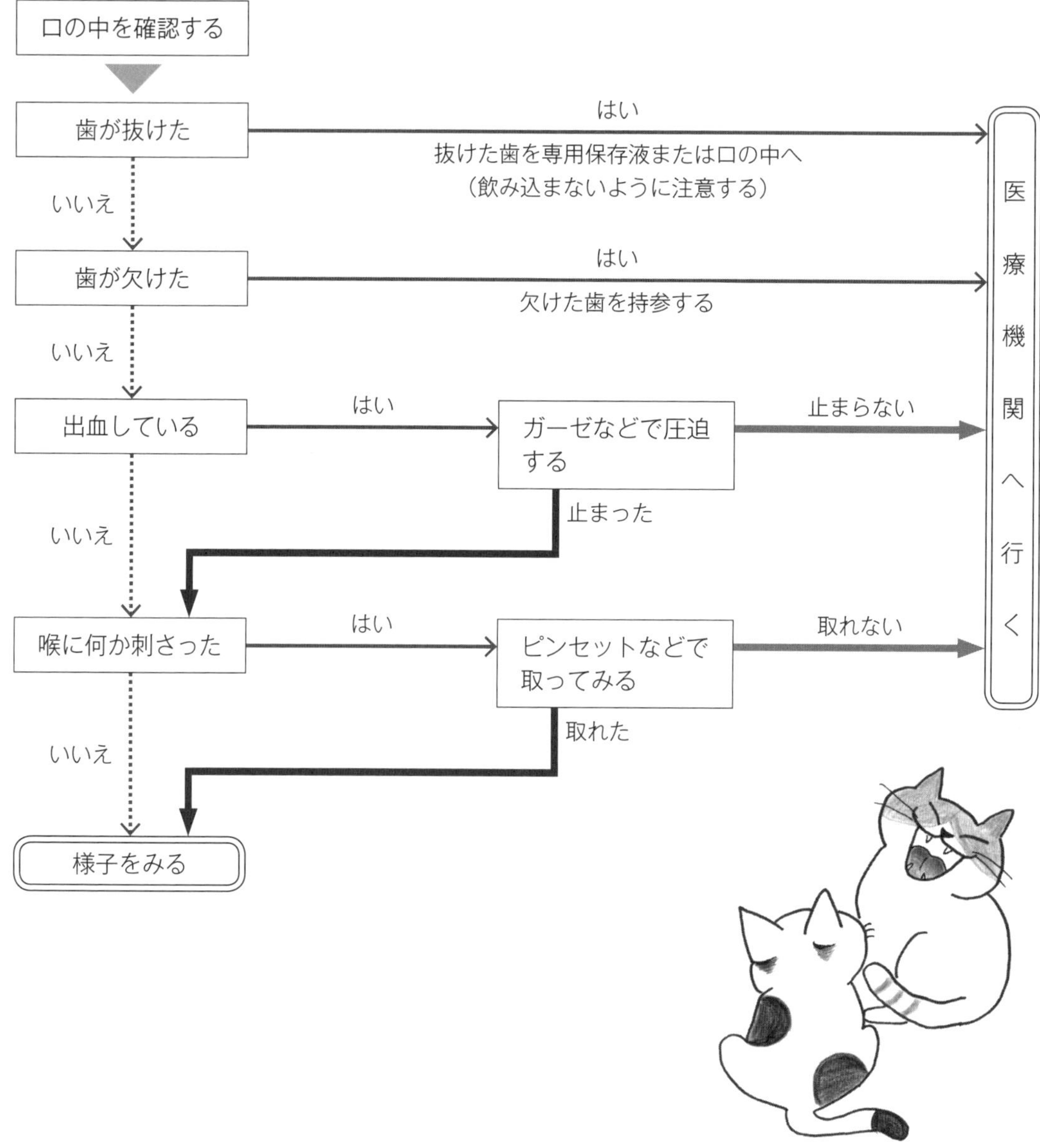

2 判断のポイント

Point 1 ● 歯が抜けた（①）

歯根膜に触れないよう抜けた歯を保護しつつ、歯科医院に持っていきます。

Point 2 ● 歯がグラグラする（②）

抜けないように注意しながら歯科医院を受診します。

Point 3 ● 歯が折れた（③）

折れた歯を歯科医院に持っていきます。

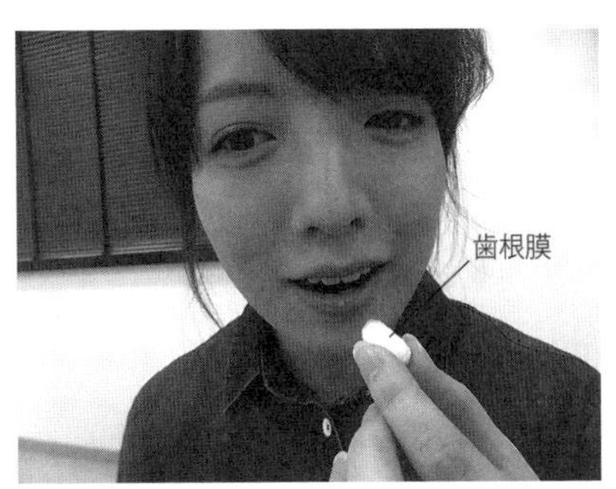

①歯が抜けた

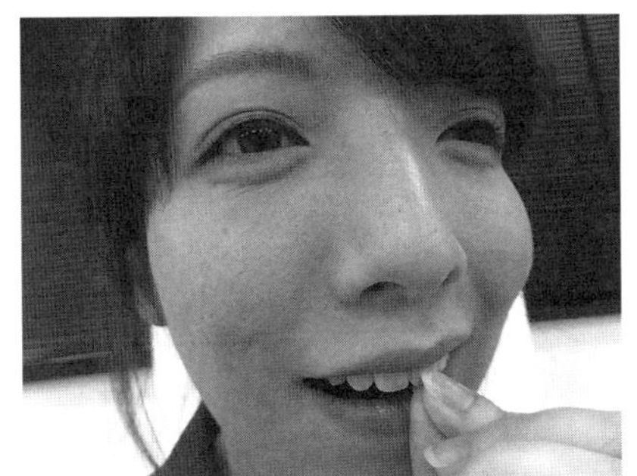
②歯がグラグラする

③歯が折れた

3 処 置

1）歯が抜けた

抜けた歯は、泥などがついていれば水道水などでさっと洗い（1秒以下）、乾燥しないように牛乳や卵白、経口補水液に浸けます（④）。専用の保存液があればそれを使います。

屋外などで何もない場合は口の中に入れたままにするか、唾液をたくさんつけたティッシュに歯を包み（⑤）、ビニール袋や買い物袋に包みます。そして、できるだけ早く歯科医

④抜けた歯は牛乳や卵白に浸ける

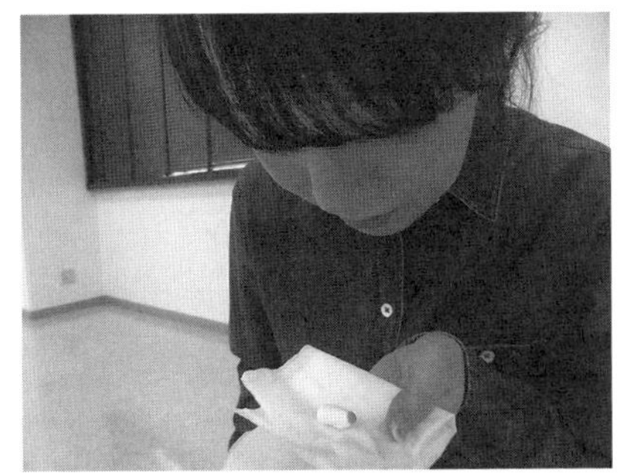
⑤唾液をたくさんつけたティッシュに包む

院に持っていきます。
出血している場合は、ガーゼなどで圧迫止血します。

豆知識
受傷後30分以内に再接着術を受けましょう。動物実験では、タイムリミットは3時間とも6時間とも報告されています。

2）歯がグラグラする

歯科医院で固定してもらいます。完全脱臼の場合よりも再接着の可能性はずっと高くなります。

3）歯が折れた

歯科用接着剤を使って、元の状態に戻すことができる場合があります。歯科医院を受診します。

4 解　説

1）歯根膜（図1）

歯根は歯根膜という膜で覆われています。歯根膜を構成する細胞を線維芽(せんいが)細胞といい、傷が治る時に傷を塞いだり傷口を盛り上げたりする働きがあります。
歯根膜が生きていると再接着の可能性が高くなります。そのため、歯根部には触らないようにし、脱落歯を素早く適切に保存することが大切です。

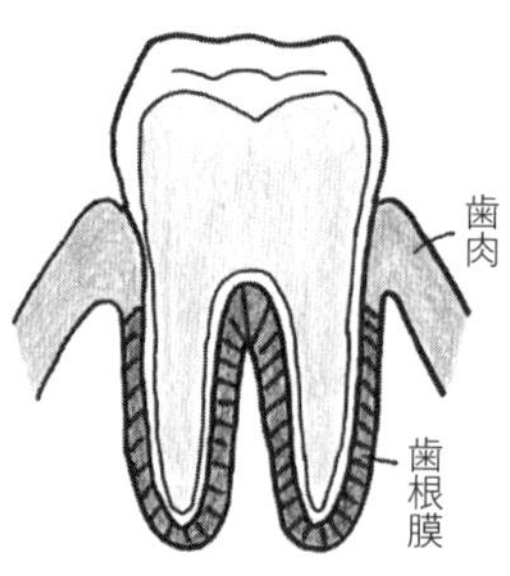

図1
歯の構造

2）唾液が一番良い

歯根膜細胞を、唾液、専用保存液、卵白、牛乳、生理食塩水、経口補水液に同時間浸漬し

て、歯根膜細胞の生存率を比較したところ、

唾液＝専用保存液＝経口補水液＞牛乳＝卵白＞生理食塩水

でした（JRC蘇生ガイドライン2020、第8章ファーストエイド、p.371）。唾液の細胞生存率が高いことがわかります。

患児に牛乳や卵のアレルギーがあっても大丈夫です。唾液は他人のものでもかまいません。歯科医院では脱落歯を洗浄してから再接着します。

こんなことがありました

1 昼休みに、プレールームの床に座って休んでいたところ、走ってきた友人の足が首の後ろにぶつかり、そのはずみで顔面を床に強打しました。受傷部分を確認したところ、歯肉から出血、前歯2本（永久歯）がぐらついていたため、すぐに歯科医院へ搬送しました。その段階では神経が生きているか死んでいるかわからず、1ヶ月前歯を固定して様子をみることになりました。1ヶ月後、幸い神経は死んでおらず、歯のぐらつきもなくなりました。

2 私の子どもの話です。小学生の時に、座っている友人の後ろで屈みながら周りの子どもたちと会話をしていました。友人が立ち上がった際に、友人の頭が本児の顎に強打しました。歯と歯茎の間から多少の出血があったようで、学校から「念のために歯科受診をお勧めします」と連絡がありました。自宅で子どもの口内を確認した時は、特に変わった様子は見られませんでしたが一応受診したところ、歯の亜脱臼と診断され1ヶ月間固定することになりました。注意しながら1ヶ月を過ごし、神経は無事で変色することもありませんでした。連絡していただいた学校に感謝しています。

3 バトミントン部に所属する高校2年生の男子生徒が、廊下で跳躍トレーニングをしていました。着地の際、床が滑り、後ろに転倒し自分の口に膝を強打し、歯牙破損と口唇裂傷で来室しました。止血して、ポッキリと折れた歯はティースキーパーに入れて持たせました。その後すぐに保護者が歯科医院を受診させましたが、歯を接着することはできず、差し歯治療となりました。もう少し歯を残せる治療になるかと期待していたのですが、残念な結果になりました。

---

14 目の異物

目の異物では液体が入る場合と固形物が入る場合があります。

1 フローチャート

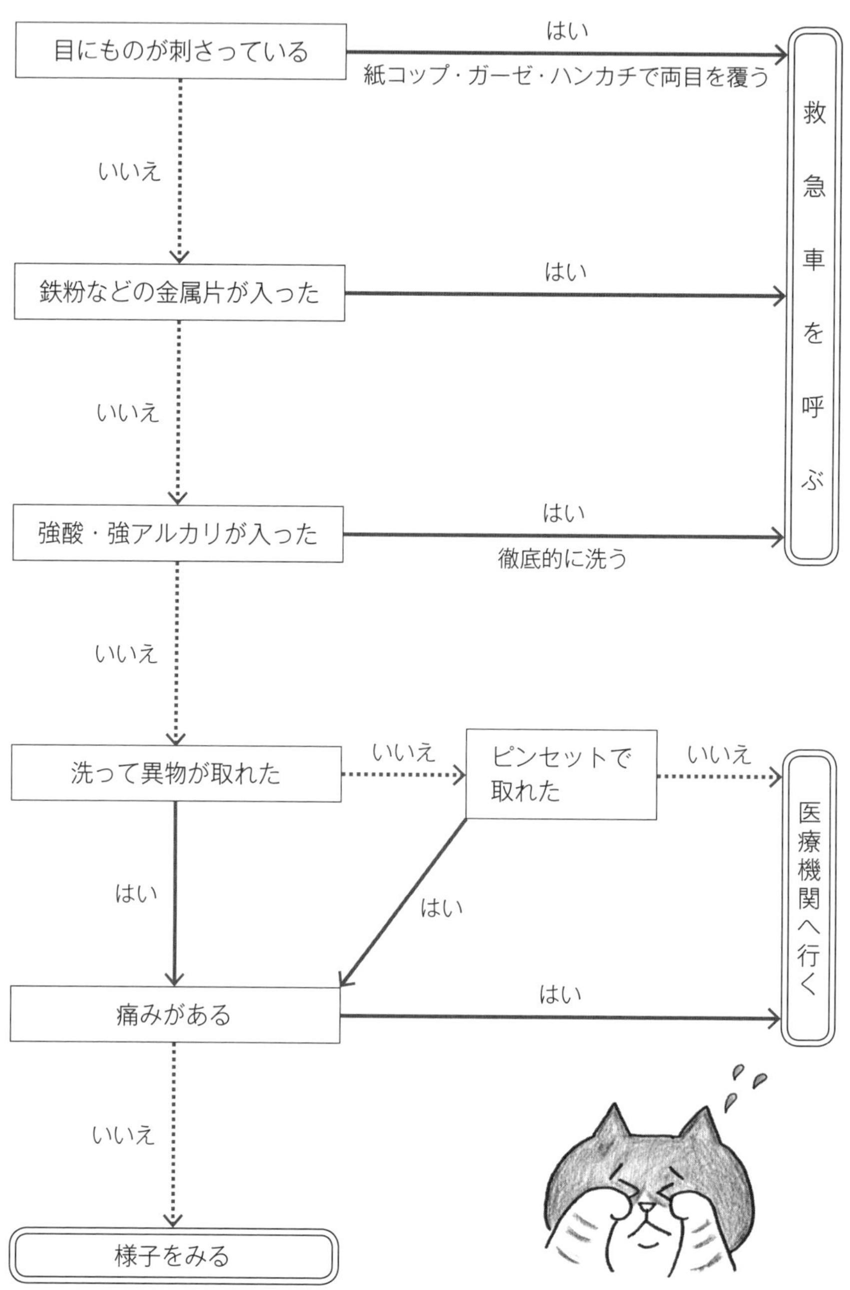

2 判断のポイント

①眼球内に異物が入った

Point 1 ● 眼球内に入った（①）

異物が眼球の中に完全に入ってしまった場合、異物は確認できません。救急車を呼びます。

Point 2 ● 強酸・強アルカリが入った

流水で徹底的に洗います。その後、救急車を呼びます。

Point 3 ● 固形物が入った

固形物が上下眼瞼の陰に隠れている場合、目がゴロゴロします。洗うことで除去します。

3 処　置

1）洗う

水道の水などで洗います。強酸や強アルカリの場合は10分以上かけて**徹底的に洗い**ます（②）。

固形物が入って目がゴロゴロする場合は、まばたきをさせて涙と一緒に流し出す方法や、流水で洗う方法、きれいな水を入れた洗面器に顔を浸けてその中でまばたきをして異物を外へ出す方法（③）などがあります。指で目をこすると眼球を傷つけてしまう恐れがあるので、こすってはいけません。

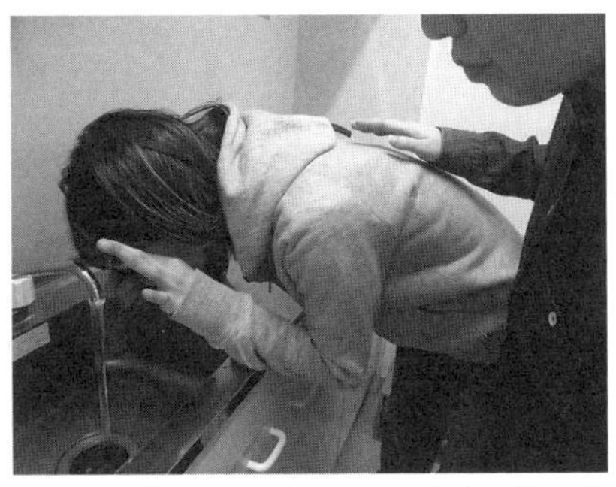
②強酸・強アルカリが入った場合は徹底的に洗う

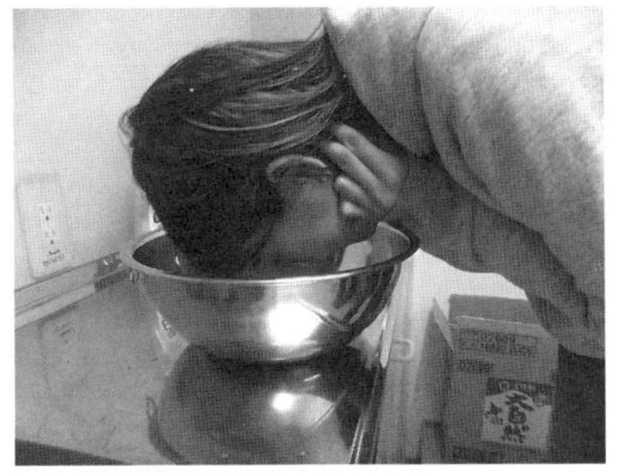
③きれいな水を入れた洗面器に顔を浸けてその中でまばたきをして異物を外へ出す

2）除去する

固形物は、上下眼瞼と眼球結膜の移行部にとどまります。本人に確認して、取れるようならピンセットなどで除去しますが、無理はしないようにします。

3）眼球内に異物が入った場合

救急車を呼びます。異物が刺さっていても抜いてはいけません。その際、眼球が動かないように、突起物があれば両目とも紙コップで覆い（④)、突起物がなければ布で覆います（⑤)。こうすることで眼球の損傷が少なくなります。

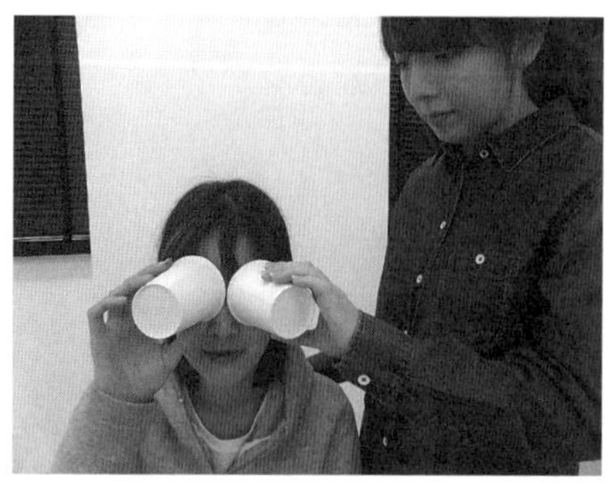
④突起物があれば両目とも紙コップで覆う

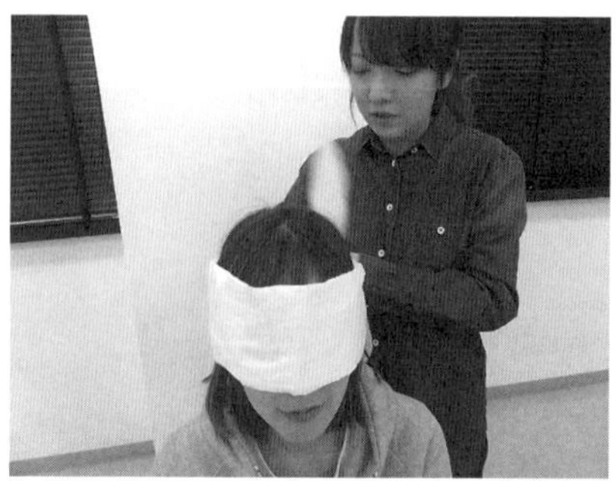
⑤突起物がなければ布で覆う

4 解　説

1）水で洗う

目に入るもので一番多いのはホコリです。虫も多いと思われますが、普通は涙で流れ出ます。まばたきをして涙と一緒に自然に出します。

涙で流しきれない時は水道の水で目を洗います。水道の水ではしみて痛い場合は、１％の食塩水（コップ１杯のぬるま湯に小さじ１杯程度の食塩を入れる）で洗うと痛みがなくなります。

2）コンタクトレンズ

コンタクトレンズが目のどこかへ行ってしまった時には、眼瞼を指で開いたまま眼球を上下左右にゆっくり動かします。**上眼瞼**の奥に隠れていることが多いようです（⑥)。

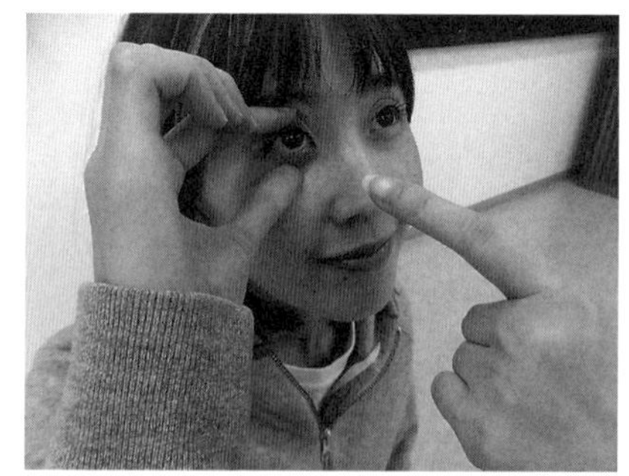
⑥コンタクトレンズは上眼瞼の奥に入りやすい

3）金属片・強酸・強アルカリは失明の危険性がある

金属片、特に鉄粉が眼球内に入ると急速に錆びて**失明**します。金属が刺さったことが明らかな場合は一刻も早く眼科で処置します。

強酸・強アルカリは角膜を変性させるので、徹底的に洗います。

アルカリの方が変性作用は強いので、徹底的に洗いましょう。

こんなことがありました

学校祭の準備で看板を制作していた際に、誤ってポスターカラーが目に入ってしまいました。15分ほど洗面器に張った水で目をよく洗浄した後、すぐに眼科を受診しました。診断の結果、ポスターカラーが眼球に直撃し傷がついたことによる、軽い結膜炎でした。幸い後遺症もなく、処方された目薬をさして１週間ほどで良くなりました。

眼球内の異物は痛くない（らしい）

50歳男性。目の中に何か入ったと来院。聞けば、グラインダー（電動ヤスリ）で鉄骨を綺麗にしていたところ目の中に何か飛び込んできたとのこと。ペンライトで瞳孔を照らすと、角膜の奥に金属片が入っており、角膜には射入口も確認できました。すぐ近隣の眼科のある大病院へ紹介し向かってもらいました。

鉄は眼球内ですぐ錆びます。この時に出る鉄イオンにより網膜色素上皮の変性を引き起こし、続いて網膜自体の変性が引き起こされます。治療は鉄片の除去ですが、錆が進んでいる場合にはその部分も除去します（Cells 2020 Mar 13；9（3）：705）。

15 耳の異物

耳に入る異物で多いのは、固形物では虫です。水が入った場合でも、どうしても出てこない場合があります。

1 フローチャート

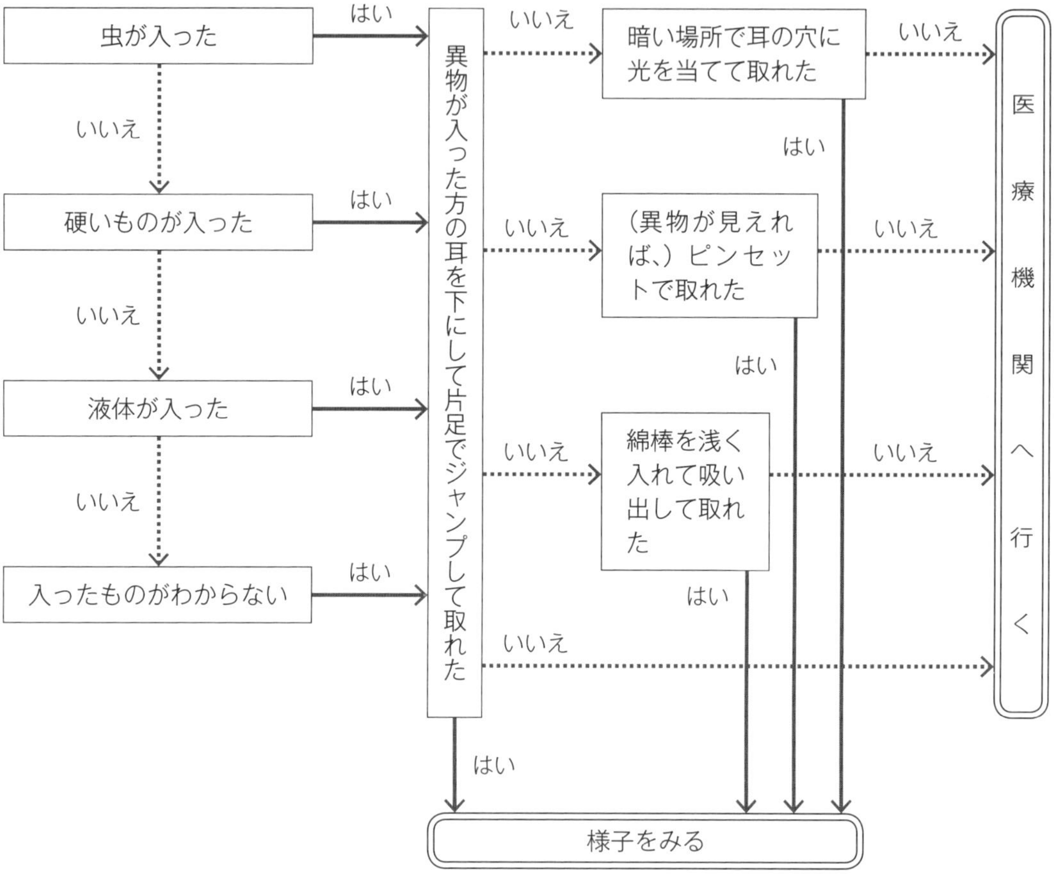

- 虫が入った
  - はい → 異物が入った方の耳を下にして片足でジャンプして取れた
  - いいえ → 硬いものが入った
- 硬いものが入った
  - はい → 異物が入った方の耳を下にして片足でジャンプして取れた
  - いいえ → 液体が入った
- 液体が入った
  - はい → 異物が入った方の耳を下にして片足でジャンプして取れた
  - いいえ → 入ったものがわからない
- 入ったものがわからない
  - はい → 異物が入った方の耳を下にして片足でジャンプして取れた
- 異物が入った方の耳を下にして片足でジャンプして取れた
  - はい → 様子をみる
  - いいえ（虫が入った場合） → 暗い場所で耳の穴に光を当てて取れた
  - いいえ（硬いものが入った場合） → （異物が見えれば、）ピンセットで取れた
  - いいえ（液体が入った場合） → 綿棒を浅く入れて吸い出して取れた
  - いいえ（入ったものがわからない場合） → 医療機関へ行く
- 暗い場所で耳の穴に光を当てて取れた
  - はい → 様子をみる
  - いいえ → 医療機関へ行く
- （異物が見えれば、）ピンセットで取れた
  - はい → 様子をみる
  - いいえ → 医療機関へ行く
- 綿棒を浅く入れて吸い出して取れた
  - はい → 様子をみる
  - いいえ → 医療機関へ行く

2 判断のポイント

Point 1 ● 何が入ったか確認する（①）

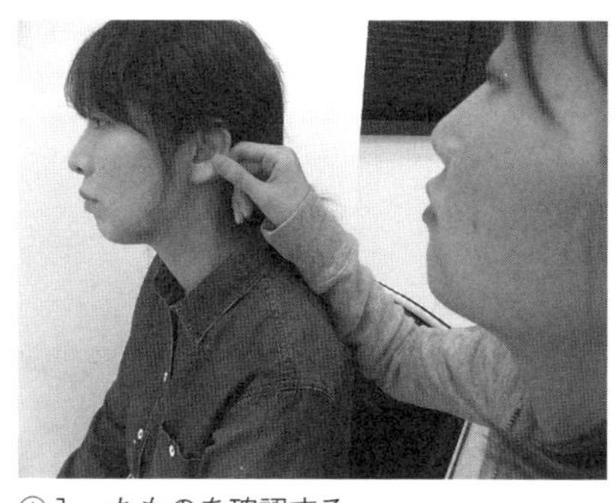
①入ったものを確認する

耳に何が入ったか、本人や周りにいた人に確認します。

中耳炎の違和感や膿の漏出を異物と誤認する場合があります。中耳炎では耳の痛みや違和感、聞こえの悪さ、発熱がみられます。

Point 2 ● 取れそうなものだけ取る

耳の穴を確認して、異物が見えていて取れそうな場合は取ります。奥に入っている場合は無理をせず医療機関へ行きます。

3 処　置

1）水が入った場合

耳に水が入った場合、水が入った方の耳を下になるように頭を傾けてトントンはねることで水が流れ出ます（②)。それでは出ない場合、綿棒をそっと入れて吸い出します。それでもどうしても出てこない場合は消毒用**アルコールを少量**だけ耳腔に流し込んだあと（③)、同様にトントンはねると簡単に出てきます。

②患側を下にしてトントンはねる

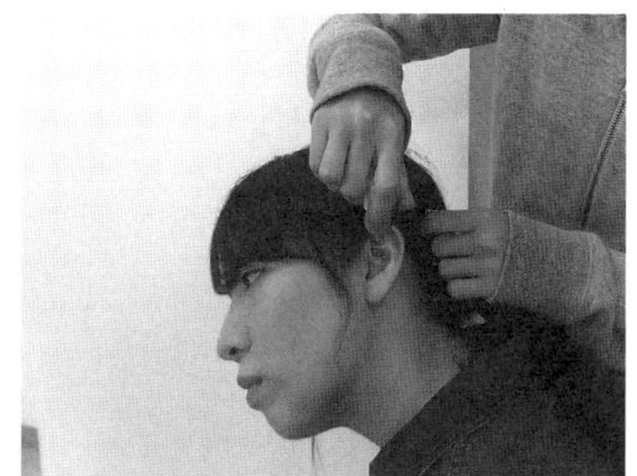
③消毒用アルコールを耳腔に流し込む

2）異物が入った場合

耳介を患児の**後ろに引きながら**後ろ側から外耳道を観察する（④）と、異物が見えます。ピンセットなどで取れるようなら取り出します。患児の不安が大きかったり、取れるかどうか不安な時は無理をせず医療機関を受診します。

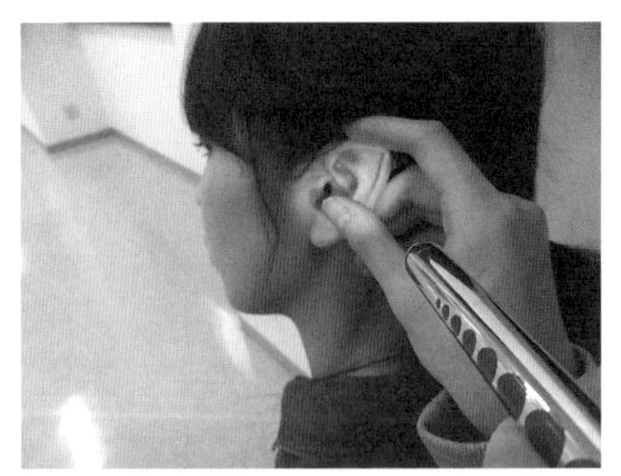

④耳介を患児の後ろに引きながら後ろ側から外耳道を観察する

4 解　説

1）水が入った場合

水が入った場合、少量の消毒用アルコールを耳腔に流し込むと水と混ざりあってすぐに出てきます。アルコールは水に比べて表面張力が小さく、混ざることで水の表面張力は急激に減少し流れやすくなります。耳腔に残ったアルコール溶液は急速に蒸発します。

2）異物が入った場合

虫が入った場合は、懐中電灯を当てて、自然に出てくるのを待つとされていますが、虫が耳の中でもがくと痛いし、大きな音もするので、患児は泣き叫びます。耳の中をのぞいてみて、難しいと感じたら医療機関で取ってもらいます。

また、固形物の場合も、耳を見て取れそうだと思うもの以外は無理をしないことが肝要です。耳の奥には鼓膜があり、これを傷つける可能性があるからです。

こんなことがありました

小学１年生の男子児童が、体育の鉄棒の授業中に、自分の順番が来るのを待っていたところ、地面に落ちていた木の種子を拾って、無意識に自分の左耳の中に入れてしまい、青ざめて来室しました。

保健室でペンライトを当ててのぞいてみると、入口付近に丸い形状の種子が見えましたが、取ろうとするとさらに奥に入り込んでしまいそうだったので、耳鼻咽喉科を受診して取っていただきました。

16 鼻の異物

鼻の異物では見て取れそうなら取りますが、無理だと思えば耳鼻咽喉科を受診します。

1 フローチャート

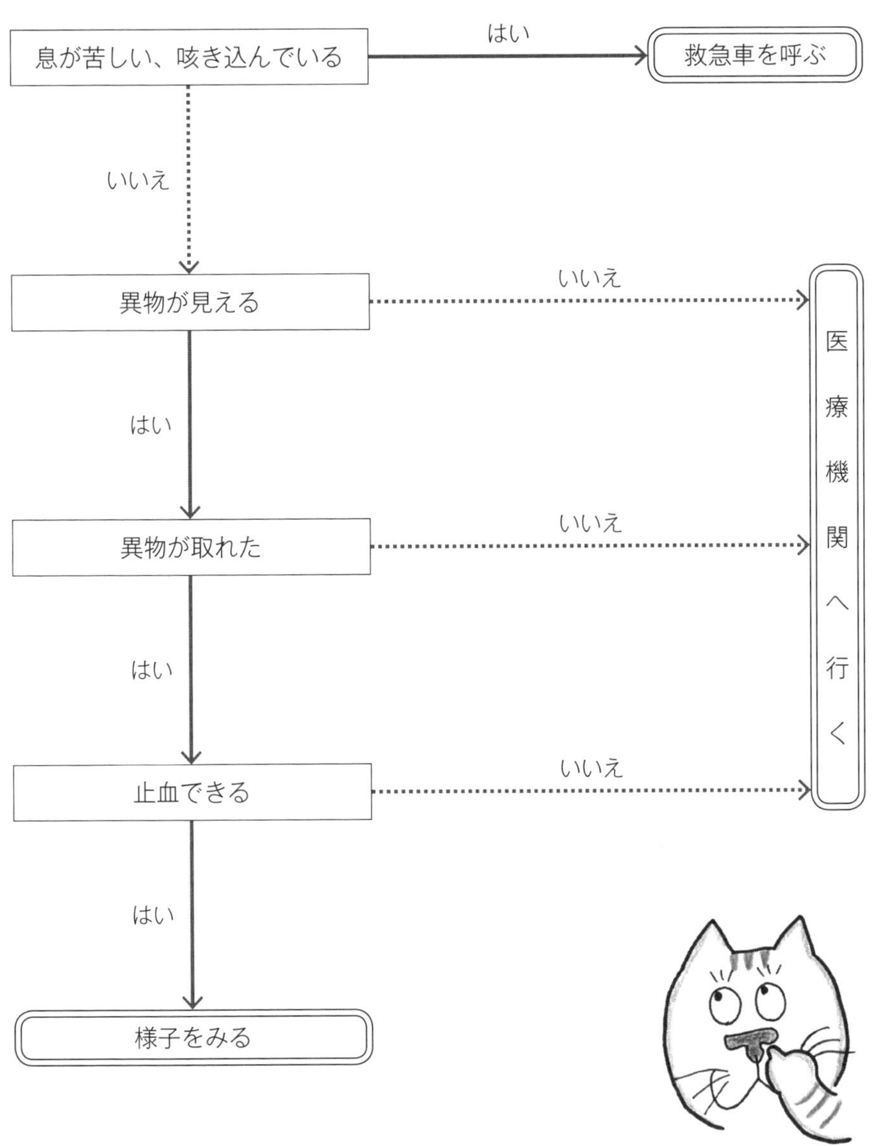

2 判断のポイント

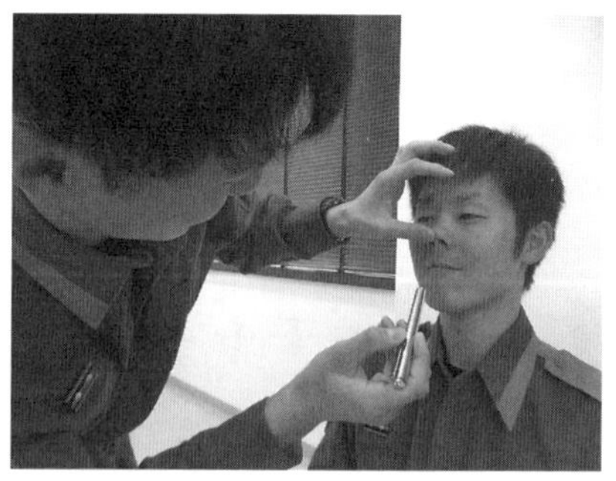
①異物を確認する

Point 1 ● 異物を確認（①）

ペンライトを当てながら鼻先を指で上げ、鼻孔から中をのぞきます。鼻腔の前1/3に異物があれば見えるので、取れるようならピンセットを用意して取ります。見えなければ耳鼻咽喉科で取ってもらいます。

Point 2 ● 窒息に注意

大きなものが鼻腔から喉に落ち込んだ場合、窒息の可能性があるので注意が必要です。

3 処 置

1）自分の鼻息で出させる

異物の入っていない方の鼻を押さえて、鼻をかむ要領で異物を出します（②）。こよりでくすぐってくしゃみを促し、出す方法（③）もあります。

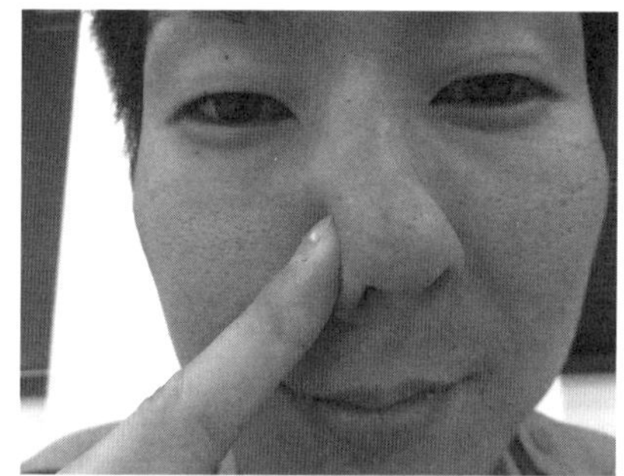
②片方の鼻を押さえて、鼻をかむ要領で出す

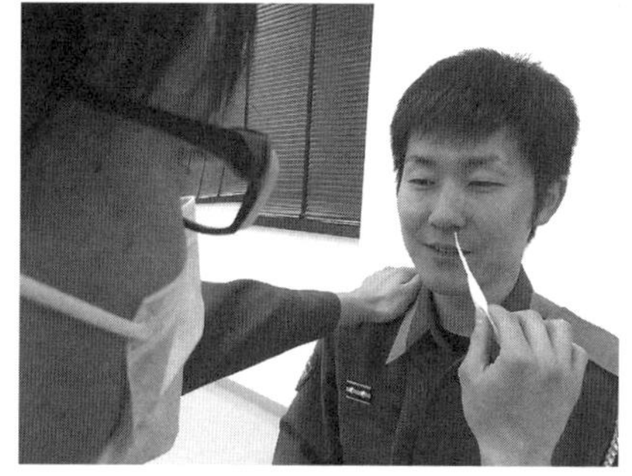
③こよりでくすぐって出す方法

2）ピンセットで取り出す

異物が見えていれば試みます（④）。無理に取ろうとして異物を奥に押し込んでしまう危険もあるので、無理は禁物です。

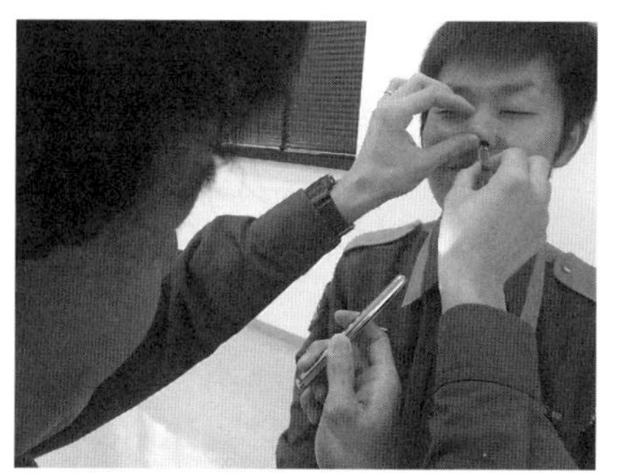
④取れるようならピンセットで摘出する

3）鼻出血を止める用意をする

異物を取り除く際には、鼻出血は必発します。止血の用意をして行います（⑤）。

止血の際、口の中に血液がたまることがありますが、飲み込むことで嘔吐を誘発させる恐れがあるため吐き出させます。

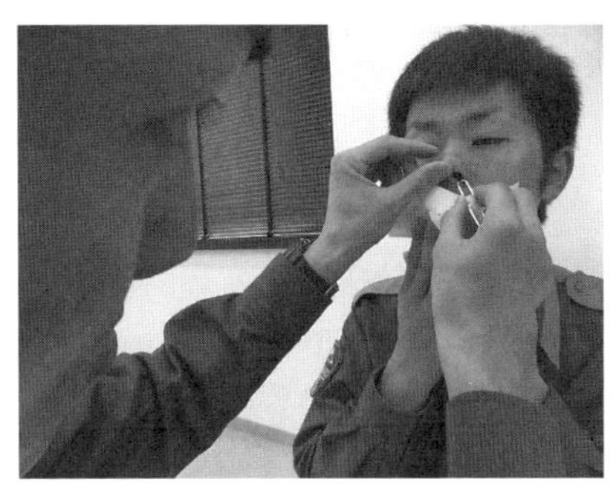

⑤鼻出血は必発

4 解 説

鼻の内部を見るには、まず鼻先を指で上に上げ、中をペンライトで照らします。患児に顎を引かせてまっすぐ見れば、鼻腔の下半分が見えます（⑥）。顎を上げさせて見上げるようにすれば鼻腔の上半分を観察できます（⑦）。

硬貨や消しゴム、ビーズなどのような無機質なら、時間がたってもそれほど問題はありませんが、食物（ピーナッツなど）が入った場合では、鼻腔内で**ふやけて大きく**なるため、時間がたつと摘出できません。また、腐敗が進むと鼻腔炎を起こします。食物が取れなくなった時は、すぐに耳鼻咽喉科を受診します。

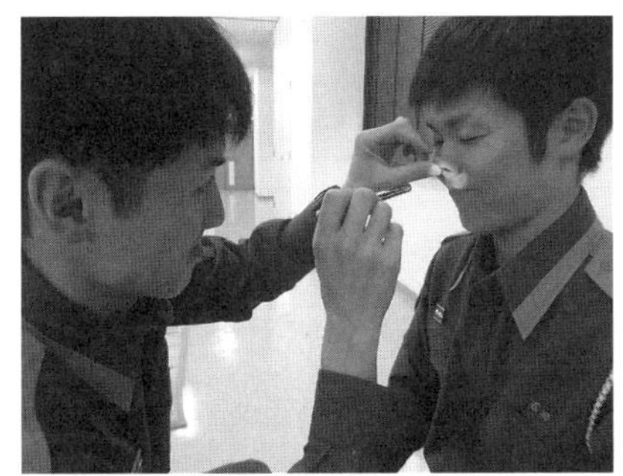

⑥顎を引かせてまっすぐ見ると鼻腔の下半分が見える

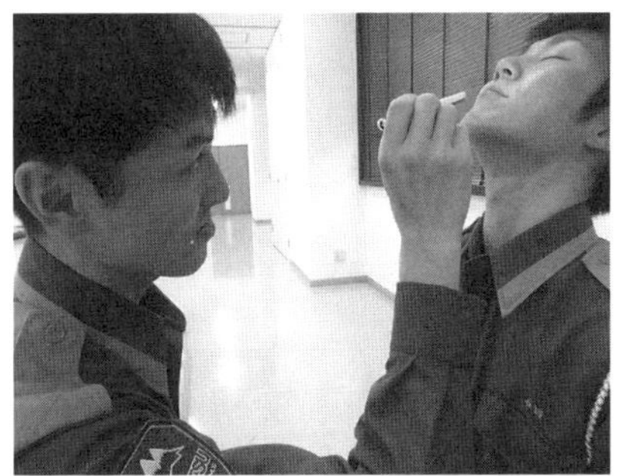

⑦顎を上げさせて見上げると鼻腔の上半分が見える

こんなことがありました

鏡の前に座って鼻をいじっていました。周りには、ふだんままごとに使っていた『トラ豆』が。聞くと、鼻の中に豆を入れてみたら取れなくなり、いじっているうちにどんどん鼻の奥まで入ってしまったとのこと。耳鼻咽喉科に行き、診察をお願いした時には鼻に豆を入れてから３時間以上たっていたため、トラ豆（１㎝程）は鼻水を含んで、３㎝くらいに膨らんでいました。

17 蜂刺され

ここでは、一般的な蜂刺されについてまとめます。
（アナフィラキシーショックについては p. 20参照）

1 フローチャート

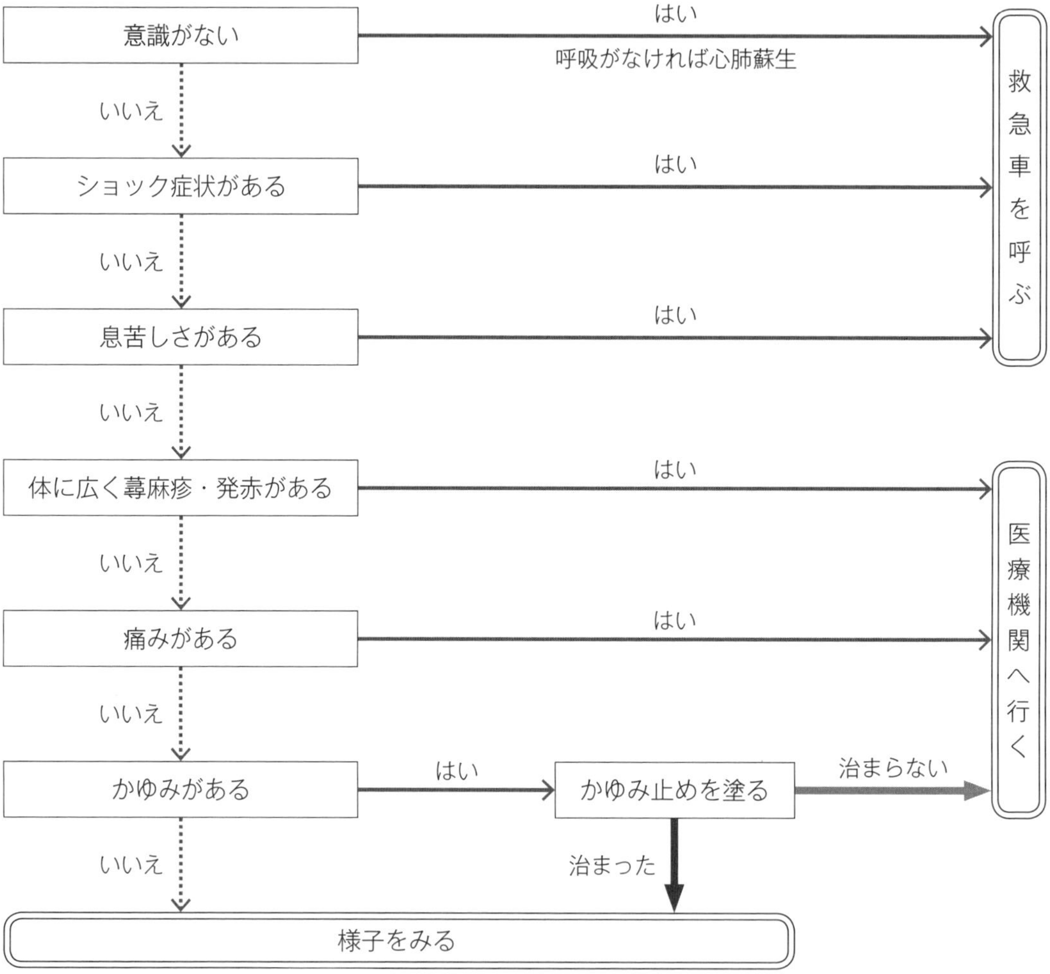

- 意識がない
  - はい → 救急車を呼ぶ（呼吸がなければ心肺蘇生）
  - いいえ ↓
- ショック症状がある
  - はい → 救急車を呼ぶ
  - いいえ ↓
- 息苦しさがある
  - はい → 救急車を呼ぶ
  - いいえ ↓
- 体に広く蕁麻疹・発赤がある
  - はい → 医療機関へ行く
  - いいえ ↓
- 痛みがある
  - はい → 医療機関へ行く
  - いいえ ↓
- かゆみがある
  - はい → かゆみ止めを塗る
    - 治まらない → 医療機関へ行く
    - 治まった → 様子をみる
  - いいえ → 様子をみる

2 判断のポイント

Point 1 ● 蜂の種類（図１）

毒性が高いのはスズメバチとアシナガバチです。

Point 2 ● 刺された回数と前回からの間隔（図２）

刺された回数が多いほど、前回刺されてからの間隔が短いほど重篤になります。

Point 3 ● 症状の進行の速さ（図３）

アナフィラキシーショックになる可能性は常にあります。症状が急速に悪化する場合は、すぐに救急車を呼びます。

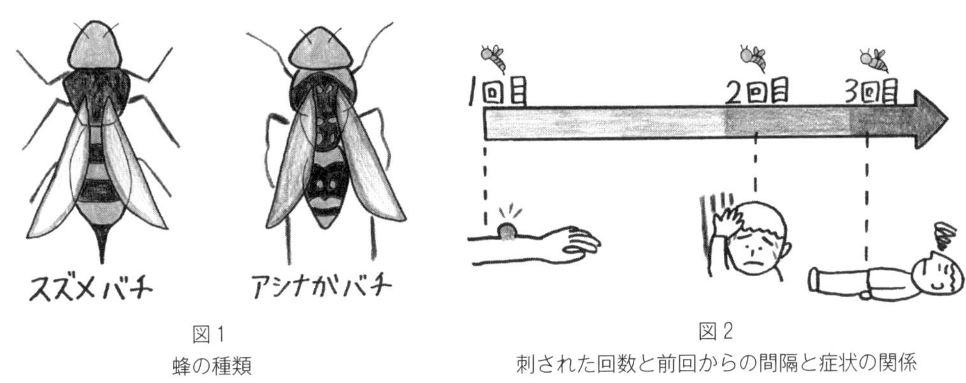

図１
蜂の種類

図２
刺された回数と前回からの間隔と症状の関係
回数↑間隔↓で重症化する

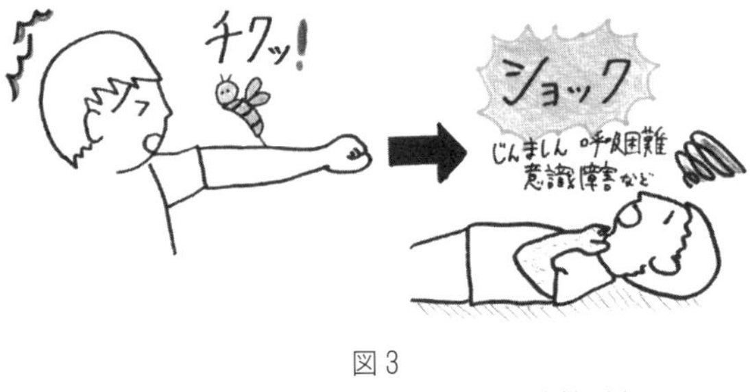

図３
アナフィラキシーショックになる可能性がある

3 処　置

1）針を抜く

刺されたところを確認して、蜂の針が皮膚に残っている場合は、毒嚢（針についている毒の袋）に注意しながら**指先で弾いて**抜去します。

2）ポイズンリムーバーがあれば使う

ポイズンリムーバーの効果について、有効だという話とあまり効果がないという話がありますが、ポイズンリムーバーが手元にある場合、速やかに処置することで、症状の悪化を防ぐことが期待できます。

3）冷やして薬を塗る

腫れと痛みは冷やすことで軽減します（①）。また、かゆみがある場合は抗ヒスタミン剤を、かゆみと腫れがある場合はステロイド外用薬を塗ることで、症状は軽減します。

①蜂刺されは冷やす

4 解 説

1）原因となる蜂

蜂刺されの原因はスズメバチが８割、残りがアシナガバチとミツバチです。秋はスズメバチの繁殖時期で、攻撃的になっている上に、スズメバチは土の中に巣を作るため、巣の上を歩くことで刺されてしまいます。

2）予防

蜂に襲われないためには、蜂の巣に近づかないことが一番です。黒い服装を避け、もし蜂が目の前に現れても追い払うなどの急激な行動をしないなど、蜂を刺激しないようにしましょう。蜂に刺されたら、別の蜂も近くにいる可能性があり、再び刺されることもあるので、静かに安全な場所へ移動して、刺された人を落ち着かせます。

3）アナフィラキシーショックの可能性

蜂毒に対する免疫反応が全身に強く出ると、アナフィラキシーショックになります。ショック状態が出現した場合は、直ちに救急車を呼びます。

こんなことがありました

庭の手入れをするために、外に置いてあった長靴を履いた時に、全身に痛みが走りました。長靴の中にスズメバチが入っていて指先を刺されました。すぐに冷やして様子をみましたが、腫れがひどく全身が震えてきたため受診しました。１日入院し、次の時のためにエピペン®を処方されました。

スズメバチに刺された例

Dr's eye

1）60歳男性。蜂刺創２回目。

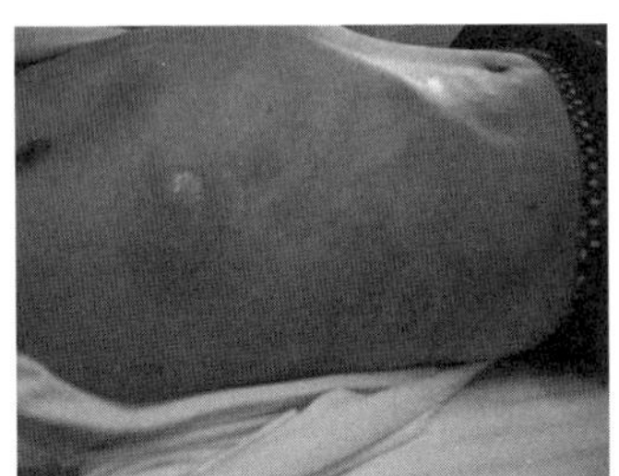

図４
全身の発赤。血圧は保たれる。点滴、ステロイド投与

2）70歳男性。
蜂刺創２回目。

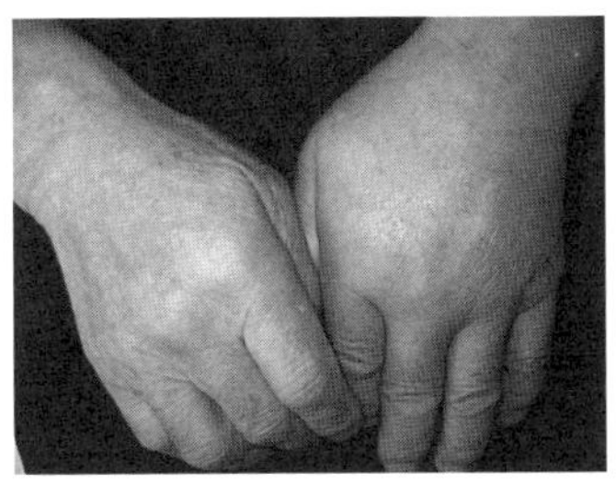

図５
来院時刺された部位の腫れだけだった

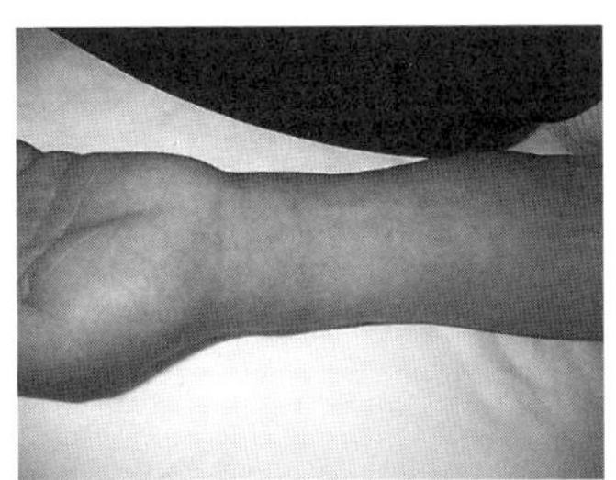

図６
みるみるうちに全身へ発赤拡大。血圧は保たれる。点滴、ステロイド投与

3）75歳男性。蜂刺創３回目。症状の出現はだんだん早くなってきており、１回目は局所の腫れだけ、２回目は１時間後に症状出現、今回３回目は10分で来院。

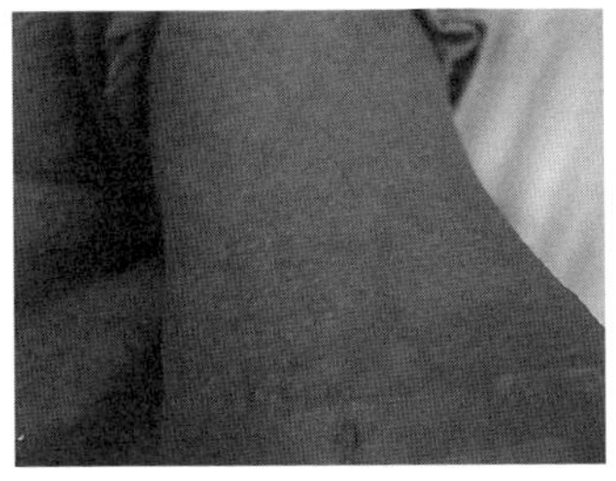

図７
全身の発赤

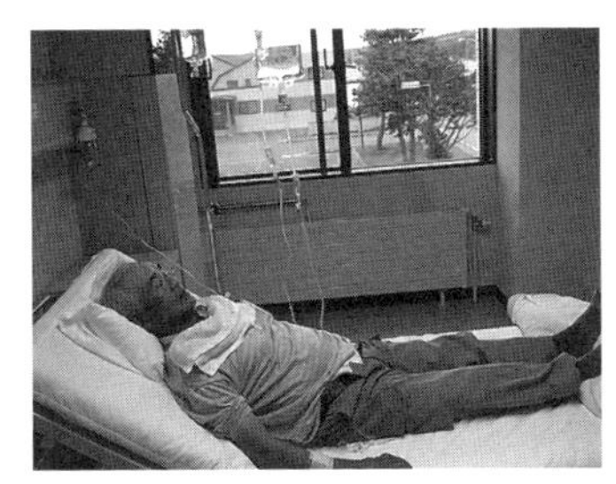

図８
診察中喘鳴（ヒューヒュー）発生。血圧低下。アドレナリン投与。ステロイド投与。気管挿管の準備中に症状改善

18 誤　飲

液体はもちろんのこと、10円玉程度の大きさまでのものなら、何でも飲み込む可能性があります。

1 フローチャート

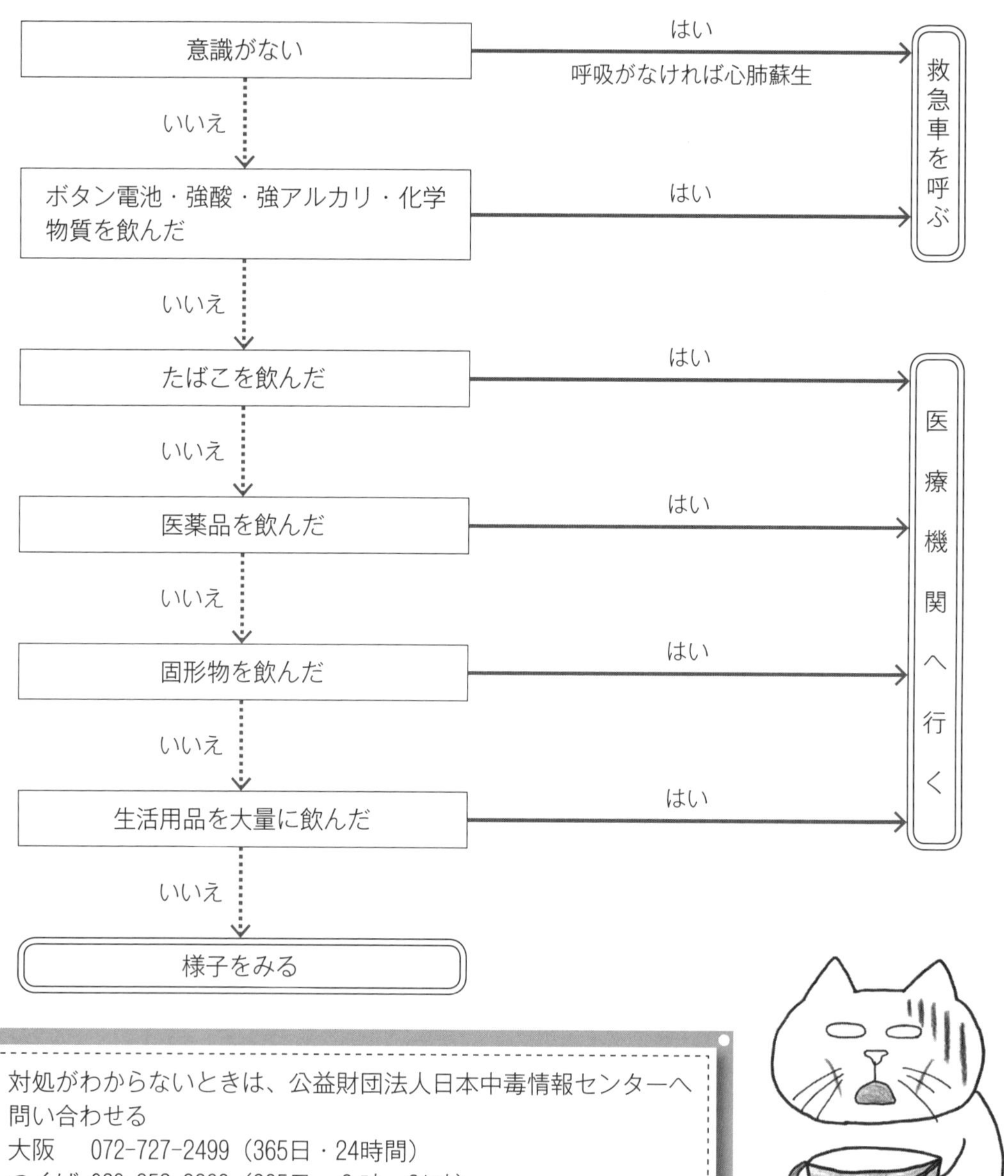

2 判断のポイント

Point 1 ● 何をどれくらい飲んだか（①）

誤飲したものやその容器、薬のパッケージなどがあれば、救急隊に渡すか、医療機関へ持参します。

①誤飲したものを確認する

3 処　置

1）吐いている場合

吐けるだけ吐かせます（②)。急変にそなえて目を離さないようにします。意識を失ったら回復体位を取り救急隊の到着を待ちます。

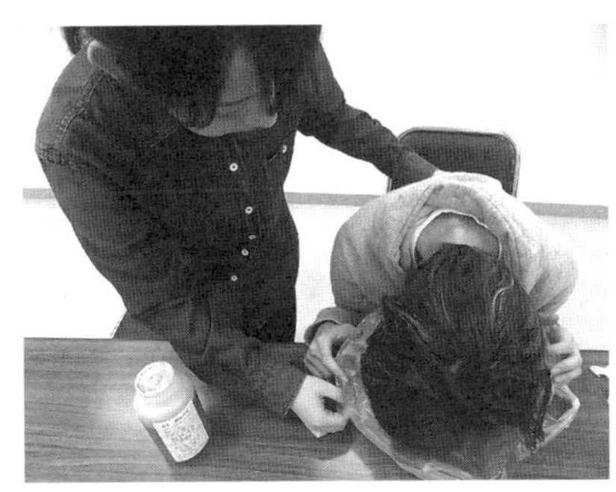
②吐けるだけ吐かせる

2）どうすればよいかわからない場合

119番通報するとともに、公益財団法人日本中毒情報センターへ連絡して指示を仰ぎます。

大阪　072-727-2499（365日・24時間）／ つくば　029-852-9999（365日・9時～21時）

4 解　説

1）たばこの誤飲

厚生労働省の統計で、毎年不動の誤飲第1位はたばこです。1年間で250件以上の事故が報告されています。たばこの誤飲の症状は、悪心・嘔吐、腹痛、下痢などの消化器症状が最も多く、咳や喘息といった症状もみられます。

たばこは口に入れるととても苦い上に嘔吐作用が強烈なため、死亡することはありません。しかし、ニコチンが溶け出した灰皿の水を飲んだ場合は、ニコチンが急速に体内に吸収されるため、大変危険です。救急車を呼びます。

2）薬剤の誤飲

誤飲第２位は病院処方の薬剤です。常用薬を１回分多く服用してしまっても危険はほとんどありませんが、元気がない、吐いている、意識がないなど、普段と様子が違う時は医療機関を受診します。

自殺企図の場合はどんな薬剤でも危険です。救急車を呼びます。

3）ボタン電池の誤飲は危険

誤飲第３位はボタン電池（③）で、毎年10件以上の事故が報告されています。食道に留まれば電流によって化学熱傷を起こし、胃に留まれば中の化学薬品が漏れて胃に穴を開けます。医療機関では内視鏡を使ってすぐ取り出します。

③ボタン電池

4）吐かせない、飲ませない

過去には指を口に突っ込んで無理に吐かせたり、中和作用を期待して牛乳を飲ませたりしましたが、現在は何もせず医療機関に行くことになっています。吐かせるのは誤嚥の危険があり、牛乳は効果が不明のためです。

こんなことがありました

特別支援学級の担任が、児童がおはじきを飲んだかもしれないと来室しました。すぐに児童の顔色や口唇の色、爪の色を確認し、チョークサインが出ていないことを確認し、窒息はないことがわかりました。酸素飽和度や心電図を確認しましたが異常なし。保護者に連絡して了解を得た上で、児童のかかりつけ医を受診しました。レントゲンを撮影したところ、胃の先の方におはじきが写っていました。おはじきは硝子で特段体に影響もないので、便として出るまで待っても心配はないとの診断でした。

大事には至りませんでしたが、この事故を受けて、学級の環境整備を徹底しました。

---

19 毒物吸入

学校では一酸化炭素中毒と有機溶媒（シンナー）中毒に注意が必要です。自殺企図に用いられる硫化水素は周囲にも危険をもたらします。

1 フローチャート

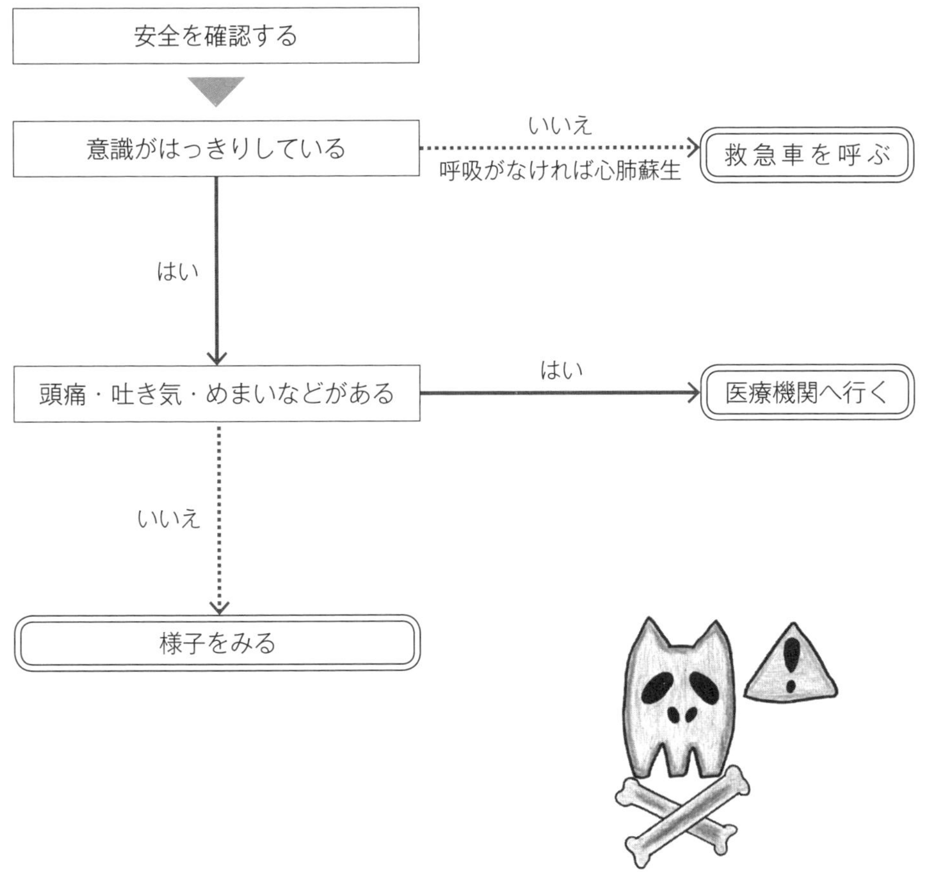

対処がわからないときは、公益財団法人日本中毒情報センターへ問い合わせる
大阪　072-727-2499（365日・24時間）
つくば 029-852-9999（365日・9時～21時）

2 判断のポイント

Point 1 ● はじめに安全を確認（①）

救助者を巻き込まないため、安全確認は必須です。一酸化炭素はにおいはありません。硫化水素を高濃度で吸い込むと即死します。

①はじめに安全を確認する

Point 2 ● 意識を確認

意識状態が悪い場合は救急車を呼びます。

3 処　置

1）安全確保

まず、現場の状況を確認します。強い異臭（硫黄臭・ゆで卵のにおい）がする場合は硫化水素が発生している可能性があるため、救急隊が到着するまで近寄らないようにします。

一酸化炭素や有機溶媒（シンナー）の場合は、窓や戸を開放して**換気**をします（②）。患児の意識を確認しつつ安全な場所へ運びます（③）。

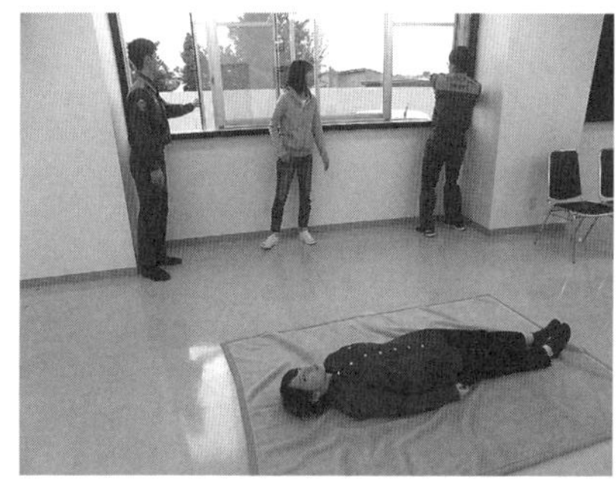
②換気する

③安全な場所へ移動する

2）体位

衣服を緩め、患児が望む体位にします。意識障害があれば回復体位にして救急車を待ちます（④）。

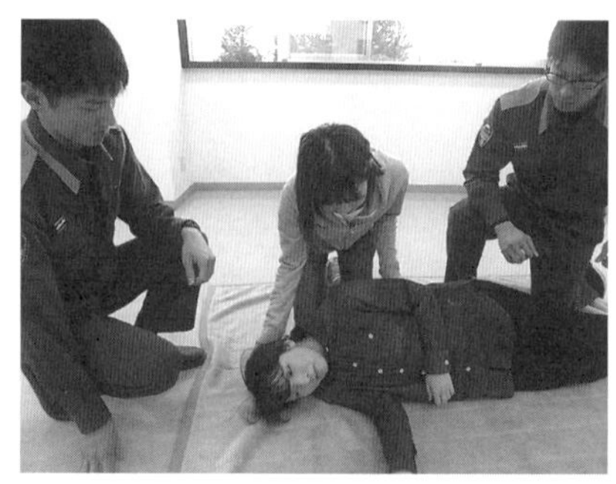
④回復体位にする

3）どうすればよいかわからない場合

119番通報するとともに、公益財団法人日本中毒情報センターへ連絡して指示を仰ぎます。

大阪　072-727-2499（365日・24時間）／ つくば　029-852-9999（365日・9時～21時）

4 解　説

1）一酸化炭素中毒

一酸化炭素は赤血球中のヘモグロビンと結合する力が酸素の200倍以上あるため、低濃度の吸引であっても酸素を押しのけてヘモグロビンと結合し酸欠状態を引き起こします。初期症状は頭痛、耳鳴り、めまい、倦怠感などで、**風邪の症状**とよく似ているので中毒症状の自覚はありません。

中毒が進行すると、意識はあっても身体の自由が利かなくなり、その後昏睡に陥ります。昏睡状態から回復したとしても脳に障害を残します。

応急処置は換気です。初期の段階で窓や戸をすべて開放して換気をし、新鮮な空気を全身に取り込むことです。

豆知識

医療機関では純酸素を投与して一酸化炭素を除去します。

2）有機溶媒（シンナー）

トルエンやキシレンなどの混合剤を有機溶媒といい、塗料や接着剤に広く使われています。「シンナー」は総称です。揮発性が高く、気道からの吸引のほか、皮膚粘膜からも吸収され、さまざまな臓器に影響を及ぼします。

高濃度を急性に吸引した場合は多幸感や頭痛、めまい、吐き気が出た後に意識を消失します。シンナーの毒性は弱いので、急性に中毒症状が出た場合は、**速やかに換気**することで短時間で回復します。

慢性的にシンナーを吸っている場合は、歯のエナメル質が溶けて歯がボロボロになるとともに、脳が萎縮して認知機能や判断機能が低下するなど、重い後遺症を残します。また、シンナーにメタノールが含まれている場合は失明を、ベンゼンが含まれている場合は多発性神経炎*を引き起こします。

用語解説　多発性神経炎

全身の多くの末梢神経（脳脊髄以外の神経）に同時に障害が起きるものです。原因は糖尿病が最も多く、ベンゼンなどの有機溶媒の摂取や感染症・悪性腫瘍でも起こります。症状は手足のしびれ、感覚低下、筋力低下からはじまり、徐々に全身に広がります。

3）硫化水素

温泉で感じるゆで卵のにおいが硫化水素で、自殺企図で用いられます。低濃度でも強烈な異臭がするため、比較的容易に気づくことができます。

硫化水素は細胞質にあるミトコンドリアの働きを停止させます。ミトコンドリアは体のエネルギーのほとんどを産生しているため、高濃度の硫化水素を吸入すると、数秒で呼吸が停止し死亡します。患児が硫化水素を吸っていると思われる場合、救助者は巻き添えにならないよう、近づいてはいけません。

こんなことがありました

理科の時間にアンモニアを使用して実験をしていました。ふざけてにおいをかいでから、気持ちが悪くなったと来室。保健室で休養させていましたが、気持ちが悪い状態が続いたため、保護者に連絡し迎えに来てもらいました。次の日には、回復して登校しました。

私の診た症例を紹介します

北海道では湖に氷が張るとワカサギ釣りが盛んになります。夕方、ワカサギ釣りのテント内で意識不明となった３人が医療機関に運ばれてきました。到着時、２人は救急隊の酸素により意識清明になり、頭痛を訴えるだけでしたが、１人は見当識障害（ここがどこかわからない）があったため高圧酸素治療ができる医療機関へ転送しました。発見が早かったため後遺症なく回復しています。

第 3 章

内因性のもの

1 失　神

子どもで最も多いのは脳貧血（起立性調節障害）です。失神発作を繰り返す場合は必ず医療機関で検査を受けます。

1 フローチャート

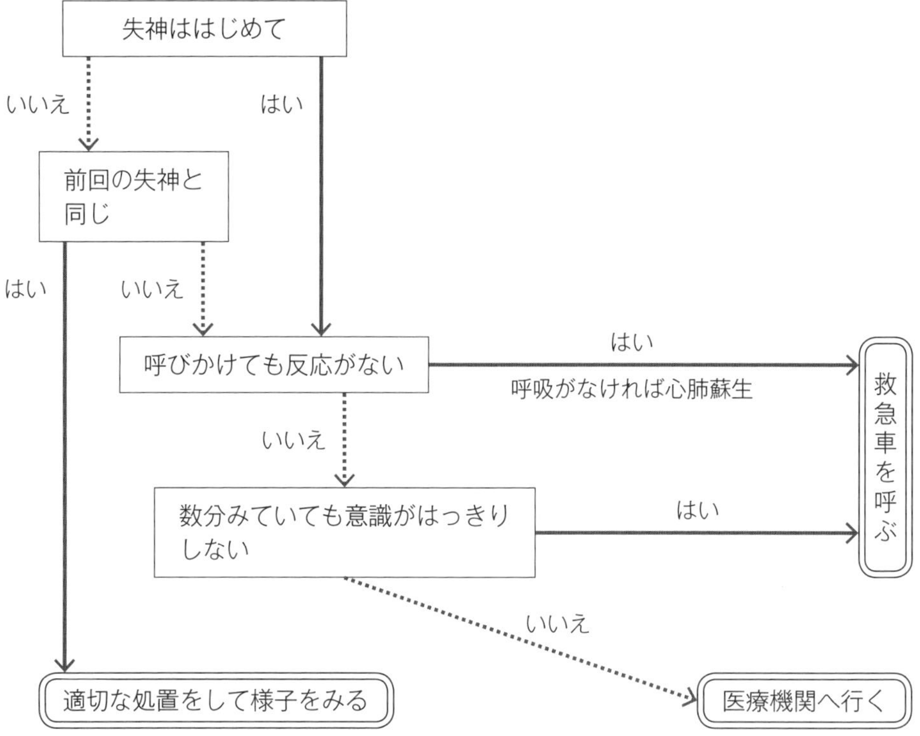

2 判断のポイント

Point 1 ● はじめての失神かどうか（①）

はじめての失神であれば、すぐに意識が戻ったとしても医療機関を受診させます。明らかな脳貧血でも医療機関を受診するよう促します。

Point 2 ● 2回目以降なら、前回と同じ症状かどうか（②）

症状が前回と同じなら、医師からの指導にしたがって対処します。前回と症状が違っているようなら救急車を呼ぶことも考慮します。

①はじめての失神かどうか確認する

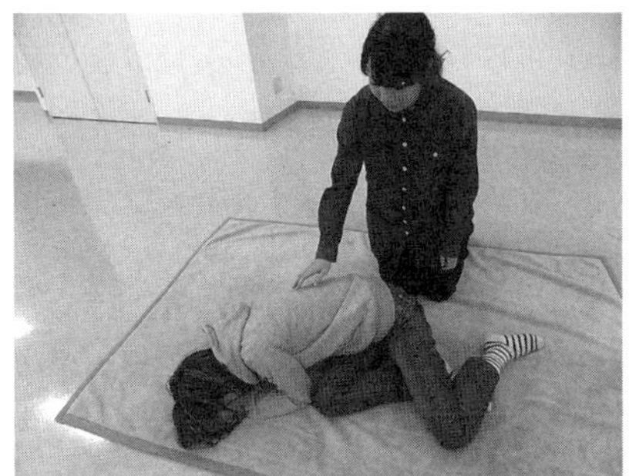

②前回と同じ症状かどうか確認する

3 処 置

1）意識の回復を待つ

患児を安全な場所に移動させて、横にして衣服を緩め保温します（③）。意識が回復しない場合は救急車を呼びます。

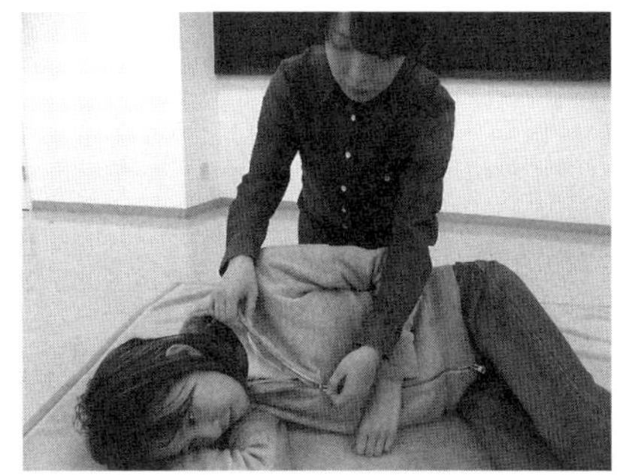

③横にして衣服を緩め保温する

2）心肺蘇生の可能性も考慮する

意識が消失するほどの異常があれば、呼吸や心臓が停止してもおかしくありません。はじめての失神では、心肺蘇生やAEDなどの準備も必要です。

4 解 説

1）脳貧血（起立性調節障害）

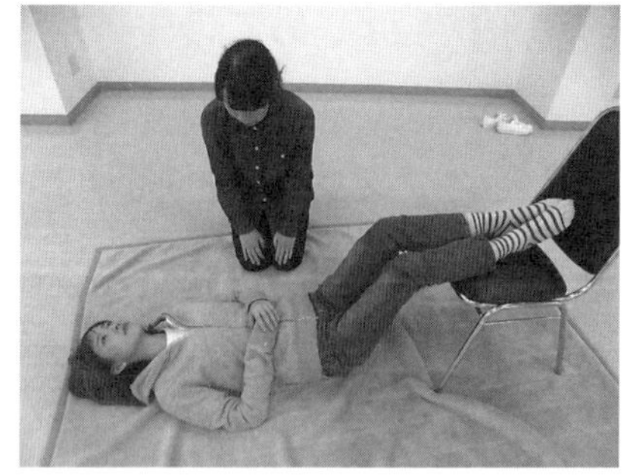
④脳貧血では足を少し高くして寝かせていれば数分で回復する

成長期の子どもでは、急に立ち上がった時にめまいや立ちくらみを起こす、長時間の起立中に気分が悪くなることがよくあります。ひどい場合には意識がなくなることもあります。このような単純な症状は一般に脳貧血と呼ばれていて、足を少し高くして寝かせていれば数分で回復します（④）。

脳貧血を起こす子どもでは繰り返すことが多く、また背景に生活習慣の乱れが隠れている場合があるので、個別に指導を行うようにします。

2）糖尿病

⑤低血糖発作では手持ちのブドウ糖を舐めさせる

学童期に罹患する１型糖尿病*では、インスリン注射後に摂食量が足りなかったり発熱したりすると低血糖になり、失神をきたすことがあります。強烈な空腹感やイライラ感、発汗などの初期の低血糖症状があれば、ブドウ糖を舐めさせます（⑤）。意識が混濁して飲食できないならば救急車を呼びます。

用語解説　１型糖尿病

インスリンの供給が不足し、体内の血糖値が上昇するのが糖尿病です。１型はインスリン産生が廃絶するもので小児期に多く発症します。２型は体内のインスリン需要量に供給が追いつかないもので、成人に多く発症します。

3）そのほか

白血病などの悪性疾患や髄膜炎などの感染症など、生命にかかわる重大な疾患は失神をきたす可能性があります。はじめての失神では、すぐ意識が戻ったとしても必ず医療機関を受診します。

こんなことがありました

体育館で学芸会の歌の練習中、前列で歌っていた中学年の男子児童が倒れたと連絡が来ました。かけつけると仰向けになっていて、顎がぱっくり切れて出血していました。すぐに傷の応急処置をして、医療機関で縫合してもらいました。その後、児童がはじめての失神だったため、検査を受けました。けがもしていたので、失神以外にも注意深く本人を観察する必要性を改めて感じました。

マスク着用の弊害

新型コロナで子どもたちも先生もみなマスクをしています。このマスクが人体に及ぼす影響を調べた論文を紹介します。

1）運動機能には影響なし。自覚症状のみ[1)]

自覚症状としてはマスクをしない場合に比べてマスクをすることによって被検者の25%が心拍数の変化や呼吸困難感を、37.5%が主観的運動強度（この運動は楽だ・きついという尺度）の変化を、50%が呼吸機能の変化を、37.5%が不快感を自覚しました。一方、客観的指標である、血中酸素飽和度、血圧、血中乳酸濃度は明らかな変化は見られませんでした。

2）ドライアイになる・悪化する[2)]

中国で6～79歳の6,925人にアンケートしたところ、マスク着用により547人（8%）でドライアイの症状を認めました。そのうち419人（6%）はマスク着用により初めてドライアイの症状が出たものです。

3）音が聞き取りづらくなる[3)]

健常人では、普通のサージカルマスクなら雑音があっても音はちゃんと聞き取れますが、目の細かいN95高性能マスクだと聞き取りづらくなります。高齢者などもともと難聴のある方では、どんなに静かな環境でも普通のサージカルマスクだけで聞き取りづらくなります。

1）Asín-Izquierdo I：Sports Health. 2022 May 4；19417381221084661 Online ahead of print.
2）Sci Rep 2022；12：6214
3）Tofanelli M：J Am Acad Audiol 2022 May 5, Online adead of print

2 痙　攣

てんかんが代表的で、転換性障害（ヒステリー）でも痙攣を起こします。ごくまれに、脳出血や心停止でも痙攣を起こすことがあります。

1 フローチャート

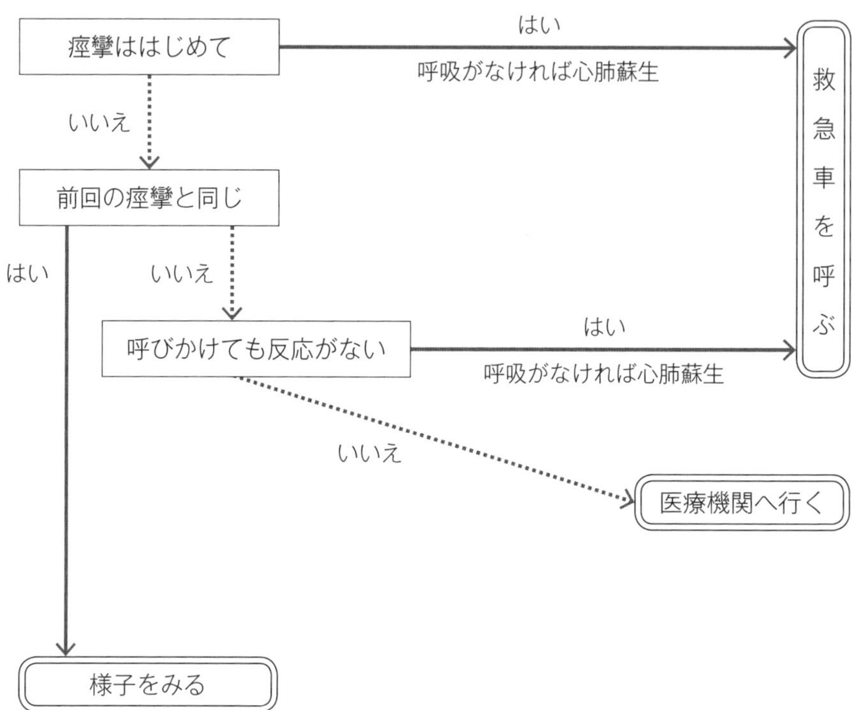

2 判断のポイント

Point 1 ● はじめての痙攣かどうか（①）

はじめての痙攣では救急車の対象です。過去にも同じ痙攣を経験している場合は、冷静に対処します。

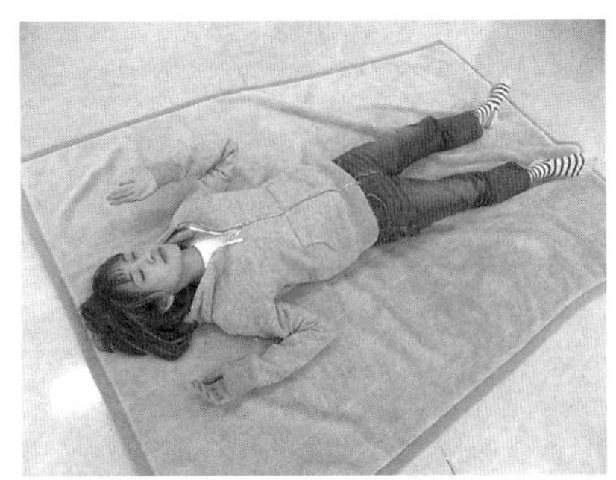

①はじめての痙攣かどうか確認する

3 処 置

1）安全を確保する

ものにぶつからないように、患児を安全な場所に移動します（②）。

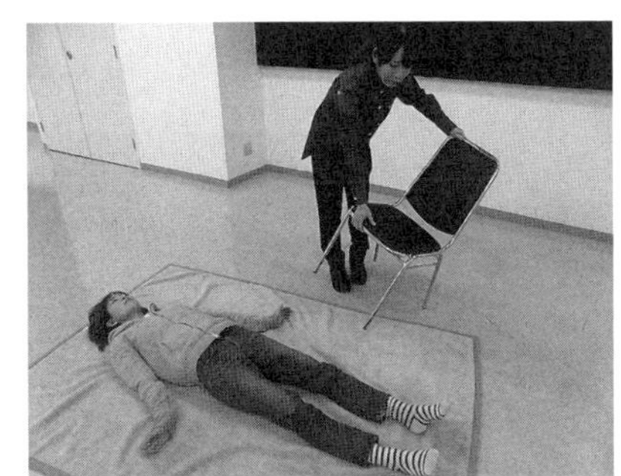

②危険物を遠ざける

2）心肺蘇生の可能性も考慮する

はじめての痙攣の場合は、重大な疾患が隠れている場合があります。心肺蘇生や AED などの準備も必要です。

4 解 説

1）てんかん

てんかんとは脳が異常な電気を放出することでてんかん発作が繰り返される病気で、電気的な興奮が起こった部位やその広がり方によって、脳の一部が興奮する部分発作と脳全体が興奮し意識を失う全般発作に大別されます。全般発作を起こした場合、ものにぶつからないように危険物を遠ざけるとともに、発作のはじまりと終わりの時間、痙攣の様子を記録して医師に報告します。痙攣は**2分以内**に終わります。5分以上持続するか、短い発作でも反復し、その間の意識の回復のないものを「**痙攣重積状態**」といい（Neurocrit Care 2012；17：3-23.）、脳の低酸素症を引き起こし大変危険なため、直ちに救急車を要請します。

咬舌（舌を咬むこと）は、痙攣の初期にみられる損傷で、頻度としてはまれで重症度も高くありません（③）。割り箸やスプーンを無理に口に押し込んだり、自分の指で口を開けようとしてはいけません。

痙攣が治まった後、意識はゆっくり回復するので、回復体位を取らせます（④）。

てんかんは、体をがくがくさせる大発作だけでなく、顔や片手だけの不随意運動であったり（⑤）、ごく短時間の意識消失だったり（⑥）と、症状はさまざまですが、同じ患児では同じ症状を示します。

学校で発作を起こす場合、薬の調整がうまくいっていない可能性が高いので、保護者に連絡して医療機関を受診させます。

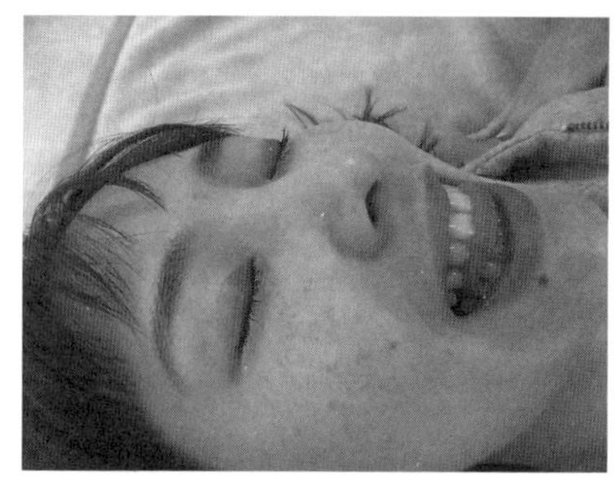
③咬舌はまれで重症度も高くない

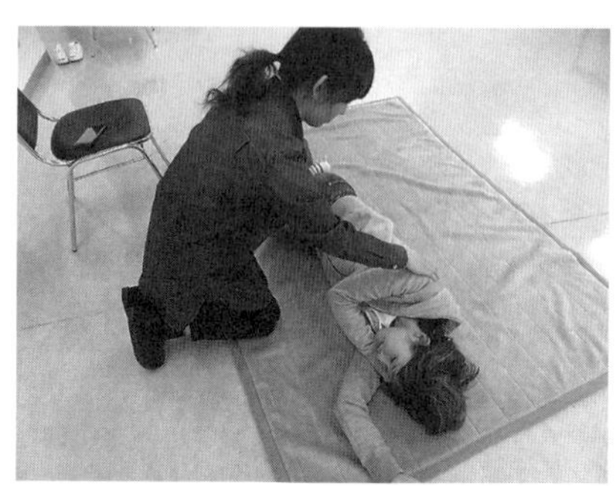
④痙攣が治まったら回復体位にする

⑤てんかんの１病型。顔や片手だけの不随意運動

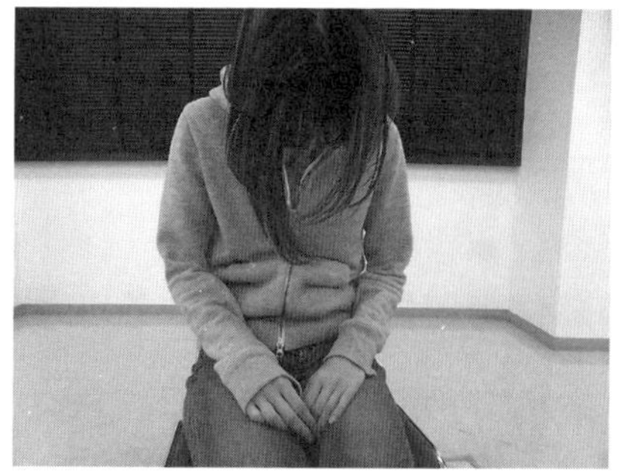
⑥てんかんの１病型。ごく短時間の意識消失

2）転換性障害

心身症である転換性障害は、従来**ヒステリー発作**と呼ばれていたもので、病的痙攣であるてんかんとの区別が困難な場合があります。転換性障害もてんかんも、今すぐ命が危険になることはないので、冷静に対処します。

転換性障害による発作の特徴

おおげさ　／　見ている人のいるところでの発作 大きな傷を負わない　／　神経学的に説明のつかない症状 痙攣後睡眠がない

3）熱性痙攣（⑦）

生後6ヶ月から6歳くらいまでの乳幼児に多い症状で、発熱に伴って起こる痙攣です。一般的に38℃以上の高熱で、**体温が上昇しはじめ**た時に2～3分の痙攣（ひきつけ）を起こします。ほとんどは6歳までに消失し、後遺症も残らず回復しますが、5分以上痙攣が続く場合は救急車を呼びます。

てんかんとの区別が問題になります。「痙攣の時間が5分以上持続した、痙攣に左右差があった、痙攣後も長い時間意識状態が悪い、24時間以内に2回以上痙攣を繰り返した、1年間に5回以上痙攣を起こした」などは、てんかんで多くみられる症状です。速やかに医療機関を受診します。

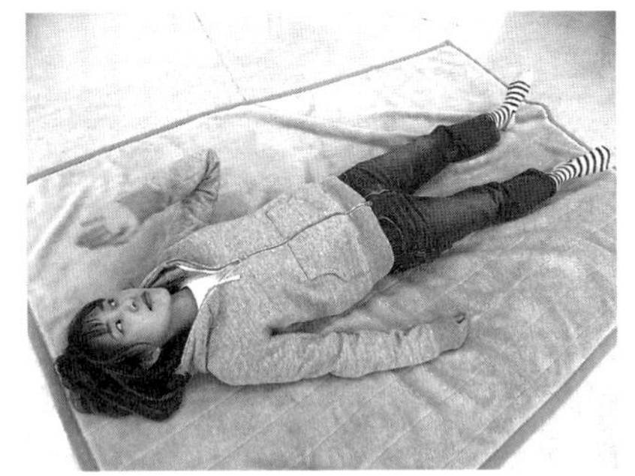

⑦熱性痙攣。痙攣に左右差がある場合はてんかんを疑う

4）そのほか

脳に異常をきたす疾患では、意識障害と痙攣を起こす可能性があります。はじめての痙攣の場合は心肺停止の可能性を常に考えます。

こんなことがありました

修学旅行での出来事です。ホテルの大広間にレクリエーションをするため生徒が集まっていました。養護教諭が部屋に入ったところ、1人の生徒が痙攣を起こしていて騒ぎになっていました。周りの生徒に様子を聞いたところ、積み上げていた座布団の上に座っていて滑り落ち頭を打ったとのこと。教職員で現場を目撃した者がなかったため、「頭を打った⇒痙攣を起こした」ということで、救急車を要請し、近くの医療機関へ搬送しました。到着した頃には意識も回復し、本人と問診をして、様子をみてくださった医師から「てんかんの持病はありませんか？」と聞かれました。事前の健康調査には記述がなく、保護者からの連絡もなかったのですが、担任から保護者に電話してもらったところ、てんかん発作を起こしたことがあり、薬も持参していたとのことでした。本人は、旅行中一度も薬を服用していませんでした。念のため、一晩医療機関で過ごし、翌朝にはホテルに戻って残りの日程をみんなと過ごすことができました。

「頭を打って痙攣を起こした」と思い込んで救急車をすぐ呼んでしまいましたが、生徒の様子をもっとよく見て判断すれば良かったと反省すると同時に、保護者からお知らせいただけていたら、発作が起こらないような配慮や、起こってしまってももう少し落ち着いて処置できたのでは、と考えさせられた事例でした。

---

3 めまい

めまいには悪心・嘔吐が伴います。脳貧血（起立性調節障害）の場合が多いですが、耳や頭の病気の場合もあります。

1 フローチャート

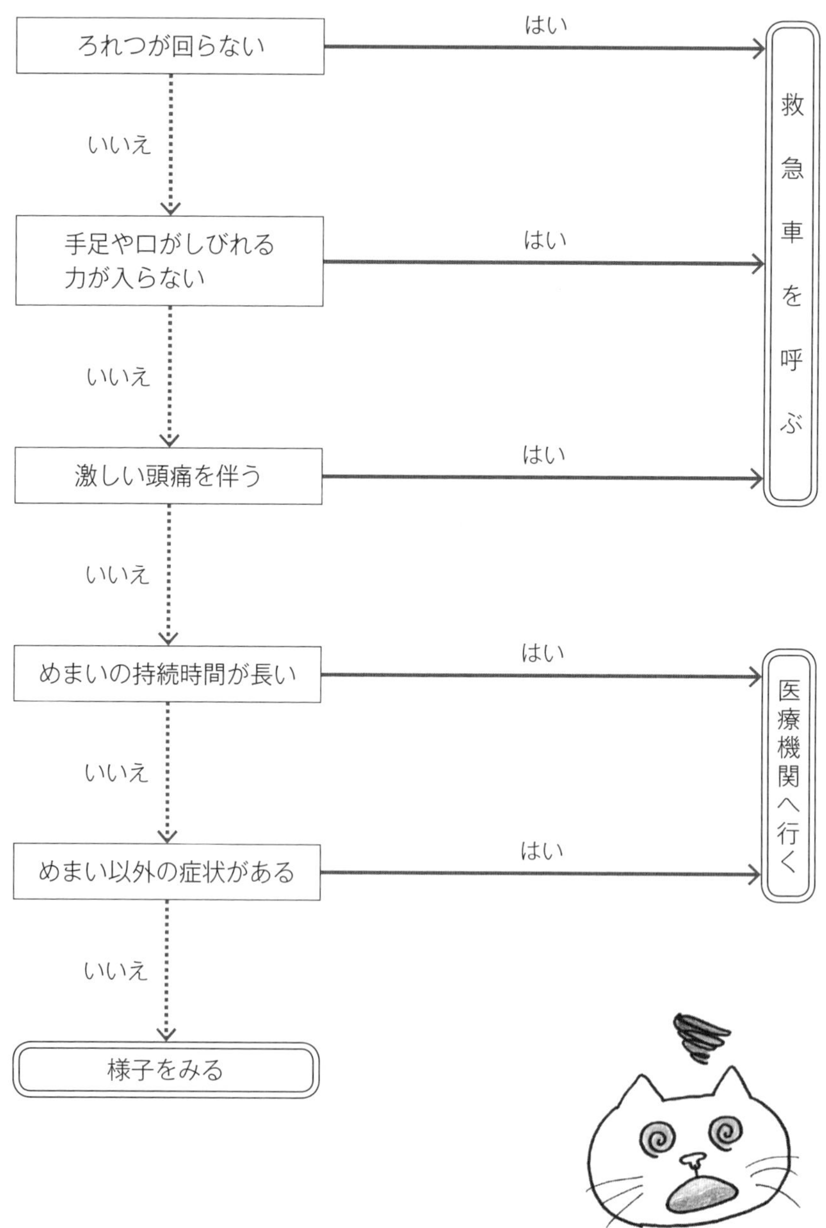

2 判断のポイント

Point 1 ● めまい以外の症状（①）

めまいと悪心・嘔吐以外の症状があるかどうか確認します。「ろれつ」が回らない、手足や口がしびれる、力が入らない、激しい頭痛やものが二重に見える、意識を失いそうになる、激しい耳鳴りなどの症状がある場合は、危険なサインです。すぐに救急車を呼びます。

①めまい以外の症状を確認する

Point 2 ● 持続時間

長時間めまいが続く場合は、医療機関を受診します。

3 処　置

寝かせて安静にします（②）。嘔吐することが多いので、吐いたもので喉を詰まらせないよう、可能であれば回復体位にして窒息に注意します。

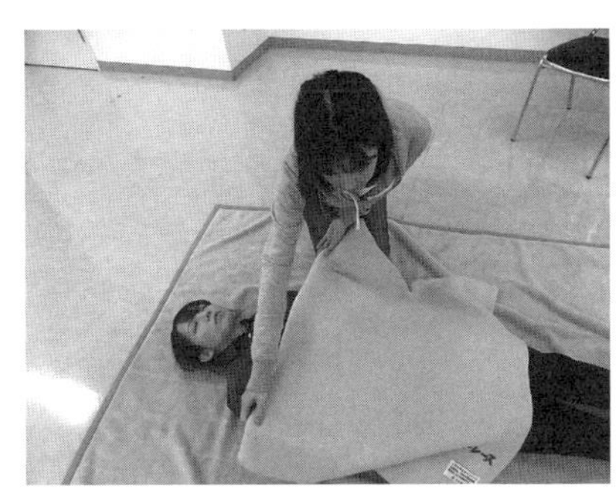
②寝かせて安静にする

4 解　説

めまいには大きく分けて、ぐるぐる回る感じがするもの（回転性めまい）と、ふわふわふらついたりするもの（浮動性めまい）、突然目の前が暗くなるもの（立ちくらみのようなめまい）の3タイプがあります。めまいの持続時間が数秒単位で回復するものについては、安静にして様子をみます。長時間症状が続く場合は医療機関を受診します。

めまいを起こす疾患には、脳貧血（起立性調節障害）などの軽症例から、メニエル病*などの治療を必要とするもの、重症例では脳出血や脳梗塞など脳に原因がある場合があります。

寝返りを打ったり起き上がったり、横を向いたりと頭を動かすことによって起きるめまい（良性発作性頭位めまい症）では、**訓練**によって発作を抑えることができます。

用語解説　メニエル病

めまいの発作を繰り返し起こす病気で、好発年齢は30-50歳代の女性です。めまいは数時間続きます。めまいと同時、もしくはそれより先に耳鳴りや難聴、吐き気も伴います。原因は内耳のリンパ浮腫です。

こんなことがありました

1　小学校中学年の男子児童が、めまいがすると保健室に来室しました。話を聞くと以前にもめまいを起こしたことがあり、その時「良性発作性頭位めまい症」と診断されたと話しました。それからはめまいは起こらず、久しぶりにめまいが起きたとのことでした。以前、医療機関でめまいを解消する体操を教えてもらっていたようで、その体操をしてもらいました。しばらくすると、めまいも治まり、教室へ戻って行きました。その日、担任から保護者へ学校でのめまいの件を伝えてもらい、後日再度受診しました。

2　高校２年生の女子生徒は、１年次から倦怠感や頭痛の体調不調を訴えて頻回来室していました。２年生になり胸部痛を訴えるようになり、保健室で湿布を貼って様子を見ていました。医療機関で「肋間神経痛」と言われたものの、めまいや、吐き気も訴えるようになり、遅刻や早退、欠席が多くなっていきました。早退の際、迎えに来られる保護者とも頻繁に話をしており、ハードな部活動（吹奏楽部）がかなりのストレスや身体的負担になっていると認識していました。その間、耳鼻科や内科も受診しており、ストレスによるものと言われていました。体調は回復せずにいたところ、本人との会話の中で、「自宅の階段を降りる時、下を見下ろすと階段の傾斜が急になっているように見えて、一番下の段の幅が狭く見える」と言ったことから、ほかの病気を疑い、本人と一緒に調べたところ、脳脊髄液減少症の症状があてはまることがわかりました。脳神経クリニックを受診し、ブラッドパッチ療法を受けました。治療は苦痛と痛みを伴い二度とやりたくないと言っていましたが、これまで苦しめられていた様々な症状は消失しました。

---

4 頭 痛

偏頭痛と筋緊張性頭痛がよくみられます。まれにくも膜下出血も経験するので注意が必要です。

1 フローチャート

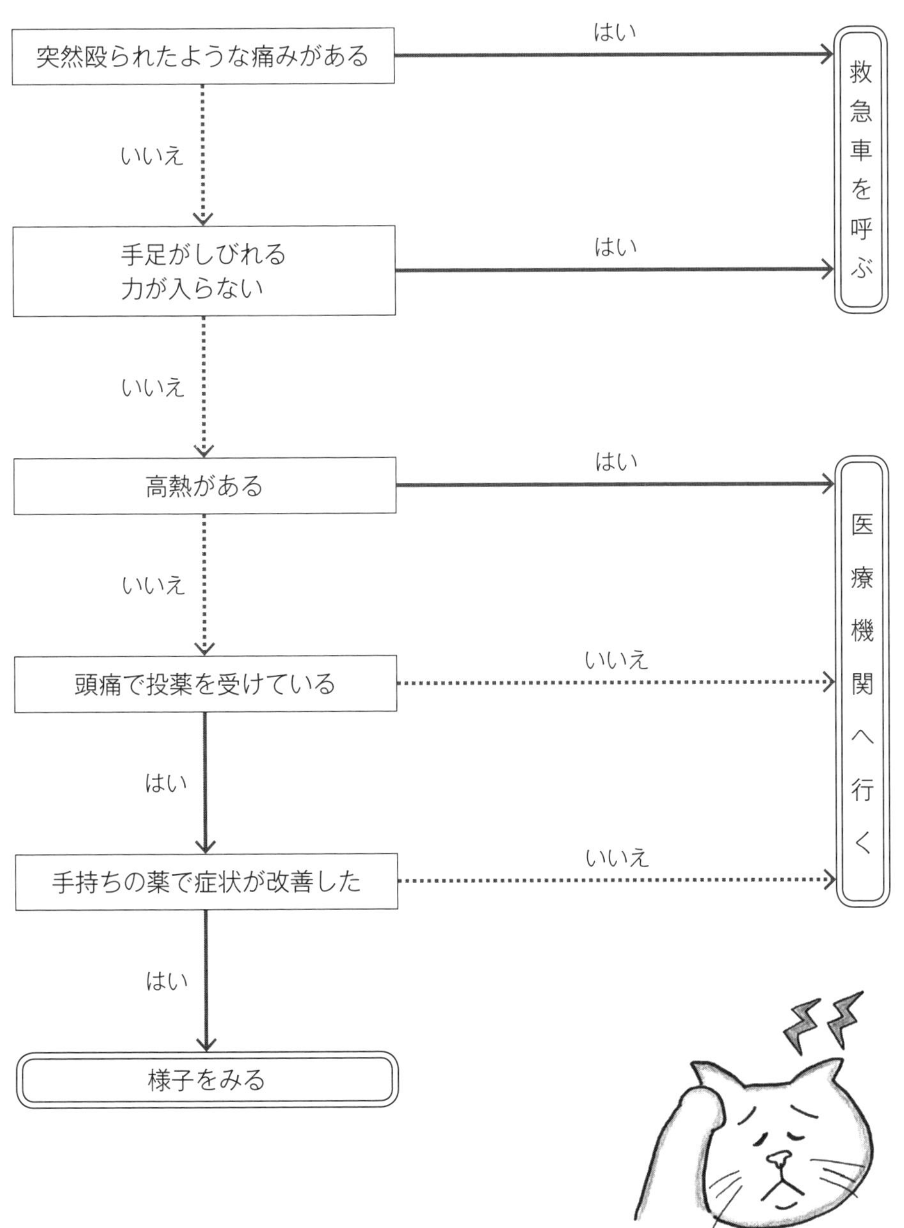

2 判断のポイント

Point 1 ● 発症のパターン

突然バットで殴られたような強烈な頭痛が起こった場合は、[くも膜下出血]の可能性があります。

光が見える、目の前がぼやける、変なにおいがするなどの症状の後にズキンズキンとする頭痛が来れば、[偏頭痛]を疑います。

いつはじまったかわからず、頭をタオルで締めつけられるような、頭の後ろが押さえつけられるような痛みでは、[筋緊張性頭痛]を疑います。

主に男性にみられる症状で、片側の目の奥をえぐられるような強烈な痛みが繰り返し起こる場合は、[群発性頭痛]を疑います。

発熱があり頭痛を伴う場合は、[流行性感冒]を疑います。

Point 2 ● 痛みの強さと性質

我慢できない激痛では、くも膜下出血を考えます。意識障害や手足の麻痺を伴うこともあります。

偏頭痛ではズキンズキンとする痛みが、小児では両側、思春期終わりでは片側に起こります。筋緊張性頭痛では一定の鈍い痛みが、群発性頭痛ではえぐられるような痛みがあります。

Point 3 ● 随伴症状

発熱があれば第一に感染症（流行性感冒）を考えます。

3 処　置

くも膜下出血が疑われる場合は、直ちに救急車を呼びます。筋緊張性頭痛なら痛いところを揉むことで改善します。そのほかの頭痛では、適切な服薬が必要です。

4 解　説

1）くも膜下出血

若年者で多いのは**脳動静脈奇形**による出血です。これは脳の中に、動脈と静脈が絡み合う毛玉（Nidus（ニーダス）と呼ばれる）のようなものができて、その毛玉の一部が破れて出血するものです。Nidusがある場所で神経症状を示すこともありますが、多くはくも膜下出血が初発症状です。治療はNidusの大きさによって外科的にNidusを取り出すか、Nidusに血液が流れないように血管内腔を詰めるカテーテル手術が選択されます。

高齢者では脳動脈瘤の破裂が原因です。

2）偏頭痛

圧倒的に女性に多い病気です。目がチカチカする、光が飛ぶ、視界がぼやけるといった**前駆症状**の後にズキンズキンとする頭痛が起こりますが、前兆のないものもあります。多くの場合、悪心・嘔吐も伴います。適切な薬を飲むことと生活習慣を整えることで改善をはかります。

3）筋緊張性頭痛

「帽子をかぶったような」「締めつけられるような」「ずっと変わらない」痛みが特徴です。マッサージをしたり温めることで改善しますが、重症例では服薬も検討します。

4）群発性頭痛

ほとんどが男性にみられ、片側の目の奥がえぐられるように痛みます。「人生最悪の痛み」と表現され、自殺者も出すほどの痛みです。痛みは1ヶ月から2ヶ月の間毎日続き、それから1年間無症状の期間があります。自己注射や酸素吸入で症状は改善します。

こんなことがありました

マラソン記録会後の放課後、大縄跳びをして遊んでいる時に頭痛が起きたと保健室に来室しました。歩いて帰るのはつらいというので、保護者に連絡し、お迎えを頼みました。来室直後は友だちと楽しく話していましたが、来室してから25分ほど経過したころには顔面蒼白、冷や汗、吐き気の症状が出てきて病状が急変しました。さらに5分後嘔吐し、寒気、手のしびれが出てきたため管理職に救急車の要請を頼みました。救急車が到着した頃にはぐったりとしていて救急隊の質問には首を振って答えていました。検査の結果、脳内出血でした。緊急手術をし、数週間入院となりました。手術後は、意識が戻るのに時間がかかったり、記憶障害もありましたが、その後回復し、元気に登校していました。

5 過換気

過換気症候群では多くの場合、判断は容易です。はじめての発作では救急車の対象となりますが、それ以降は以前と同じ症状であれば過換気発作がどれだけ続いても救急車は必要ありません。

1 フローチャート

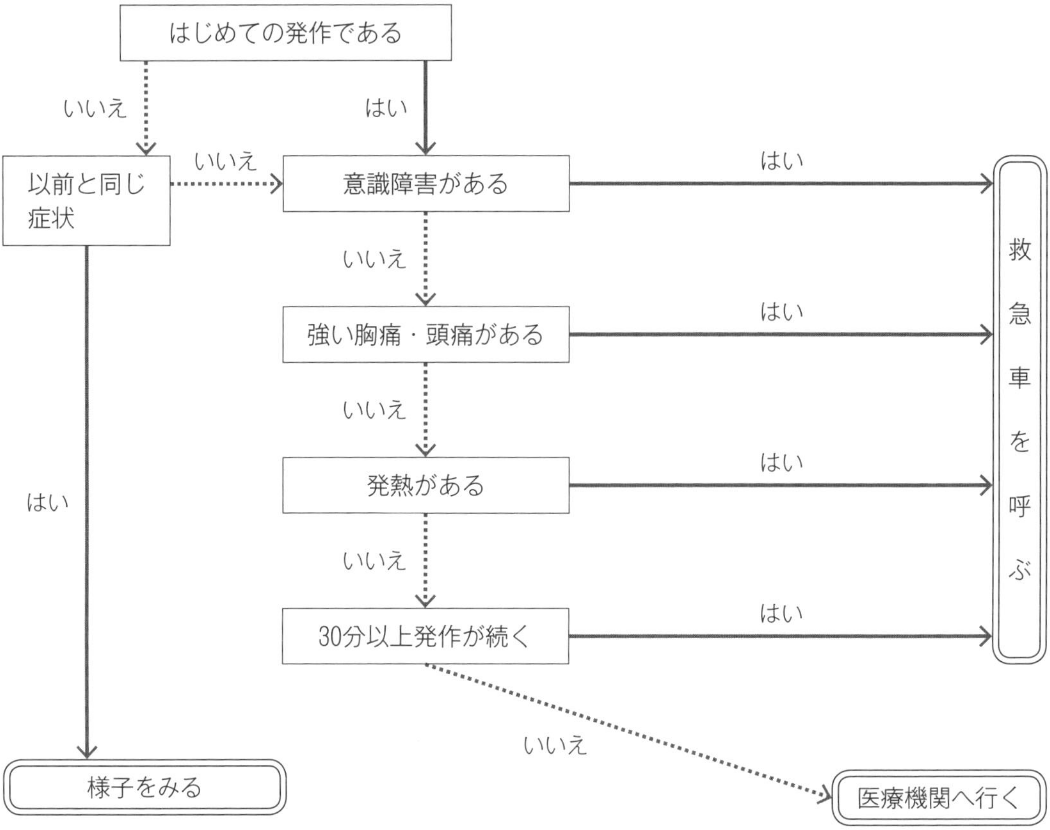

- はじめての発作である
  - いいえ → 以前と同じ症状
    - はい → 様子をみる
    - いいえ → 意識障害がある
  - はい → 意識障害がある
- 意識障害がある
  - はい → 救急車を呼ぶ
  - いいえ → 強い胸痛・頭痛がある
- 強い胸痛・頭痛がある
  - はい → 救急車を呼ぶ
  - いいえ → 発熱がある
- 発熱がある
  - はい → 救急車を呼ぶ
  - いいえ → 30分以上発作が続く
- 30分以上発作が続く
  - はい → 救急車を呼ぶ
  - いいえ → 医療機関へ行く

2 判断のポイント

Point 1 ● 過換気症候群かどうか

典型例では、呼吸が発作的に速くなり（①）、息苦しさや強い不安感（②）、手のしびれ感（③）などを訴えます。ごくまれに、重大な病気によって過呼吸が引き起こされている場合があるので、はじめての発作では救急車を呼びます。

①呼吸が速くなる

②息苦しさや強い不安感がある

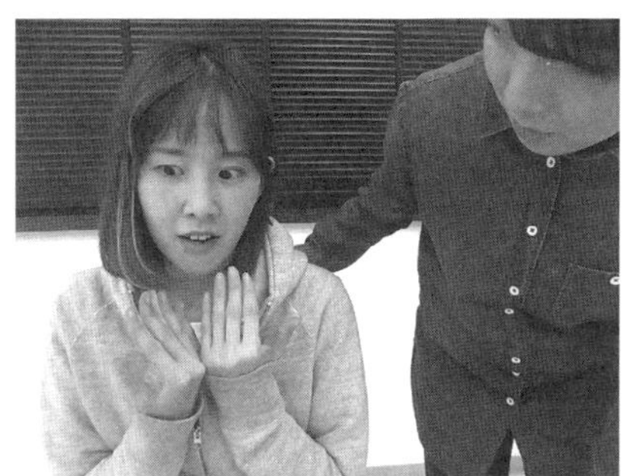
③手がしびれる

3 処 置

「大丈夫だよ。必ず治るからね」などと声かけして、まずは**不安を取り除き**ます（④）。そして、「お腹を使ってゆっくり息をして、しっかり吐いて」といった具合に、ゆっくり息をするよう指導します。

症状が落ち着いたら、時間をかけて話を聞きます。

④声かけで不安を取り除く

4 解　説

過換気症候群は、頻呼吸によって肺から大量の二酸化炭素が吐き出されることによって起こる症状をまとめたものです。手のしびれ、関節のこわばり、のぼせ感、めまいなどさまざまな症状がみられます。

これまで、紙袋を口に当てて呼吸をさせるペーパーバッグ法が行われてきましたが、効果がはっきりしないことと低酸素の危険から、現在では行われなくなりました。

過換気はどれほど長い時間続いても命にかかわることはなく、**救急車は必要ありません**。

一方、高齢者でははじめての過換気発作が心筋梗塞の症状の一部であることがあります。そのため、高齢者では注意深い観察が必要です。

こんなことがありました

中学生の男子生徒が、部活動の練習で顧問の指示どおりのプレーができず、みんなの前で「違う！さっきもいっただろ！」と注意され、涙を流しながらプレーを続行していましたが、過呼吸発作を起こしました。

「過呼吸で、胸のドキドキ感と苦しさ（動悸）、両上肢のしびれとつっぱり、頭痛を訴えて体育館ステージ上で休養中」と養護教諭に連絡が入りました。生徒は仰向けになり、浅く速い呼吸で泣いていました。頬は紅潮し、汗が流れて床が濡れている状況。「ゆっくり呼吸しようね」と声をかけて脈拍をはかると112ありました。生徒の両手を取り、前上方へ持ち上げてブラブラと軽くゆすりながら呼吸を整えるよう声をかけて寄り添っていると、少しずつ落ち着きました。15分程度で訴えのあった症状が一通りなくなり、脈拍は68となりました。

その後は座位で練習を最後まで見学し、保護者のお迎えで帰宅しました。

子どもの新型コロナ後遺症

新型コロナはオミクロン株になってからは20歳未満の感染者が全体の33％を占めています（2022年２月から３ヶ月間の累計。厚生労働省）。新型コロナが治っても体調不良が続く「新型コロナ後遺症」について調べてみました。なお、東京都から発表された疫学調査では20歳未満では後遺症患者は認めていません[1)]。引用は海外文献からです。

（１）新型コロナ後遺症とは：WHO の定義によると新型コロナに罹患した後２ヶ月経っても他の疾患によるものとは説明できない症状をいいます。

（２）後遺症を訴える割合：小児では不明。成人では76％（中国）[2)]、87％（イタリア）[3)]と高い割合です。

（３）症状[4)]：成人の新型コロナ後遺症と変わりません。咳、呼吸困難感、倦怠感、痰、嗅覚・味覚障害など。

（４）なりやすい人[5)]：なんらかの基礎疾患がある小児。後遺症患児のうち全身になんらかの病気を持っている子が全体の75％であり、その中でも肺の病気を持っている子が全体の33％を占めています。肺の病気と肥満が後遺症の危険因子です。

１）https://www.bousai.metro.tokyo.lg.jp/_res/projects/default_project/_page_/001/012/970/31kai/2021020407.pdf
２）Lancet, 2021. 397（10270）：220-232.
３）JAMA, 2020. 324（6）：603-605.
４）Prim Care Companion CNS Disord 2022 Apr 26；24（2）：21r03218
５）Pediatr Int 2022 Jan；64（1）：e15177

6 胸 痛

若年者に多いのは筋肉を酷使することによって起こる胸痛です。疾患としては、肋間神経痛や自然気胸が考えられ、まれに心筋梗塞を起こす人もいます。

1 フローチャート

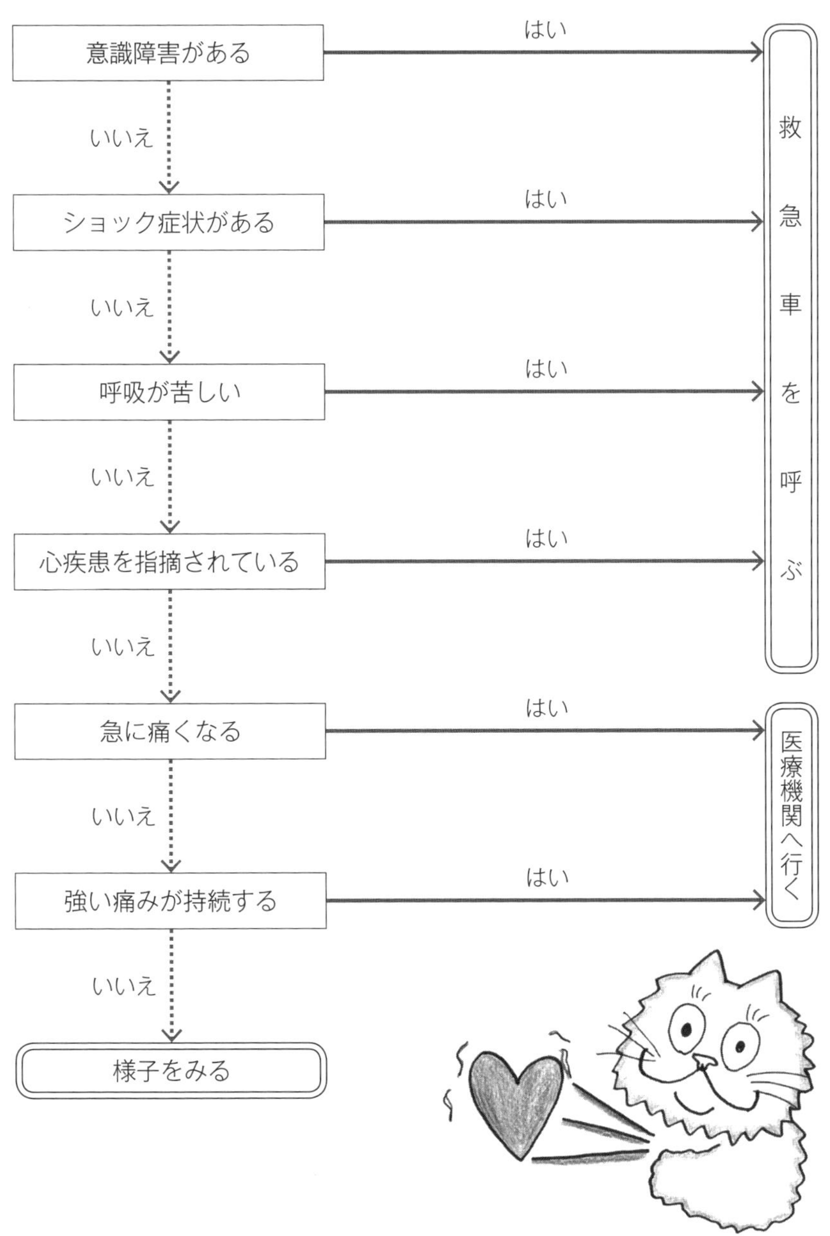

2 判断のポイント

Point 1 ● 急に痛くなったか

筋肉痛や肋間神経痛の場合は、気づくと痛くなっています。急に痛くなる場合は、気胸や心筋梗塞、狭心症といった疾患が考えられます。

Point 2 ● 重篤感はあるか（①）

心筋梗塞の場合、脂汗をかいていたりずっと吐いているなど、深刻な状況がみられます。自然気胸や筋肉痛、肋間神経痛の場合では、患児自身が状況を説明する余裕があります。

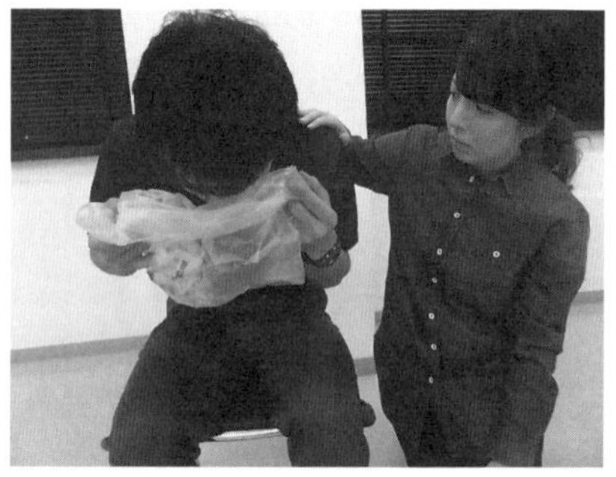

①重篤感を確認する

3 処　置

1）重篤な疾患を除外する

深刻な症状なら、すぐに救急車を呼びます（②）。それほど重篤ではなさそうでも突然痛くなった場合は、保護者に連絡して医療機関を受診します。

②深刻な症状なら救急車を呼ぶ

2）安静にする

安静にして様子をみます（③）。多くの場合、安静にすることで痛みが治まります。患部を温めたり冷やしたりすることも有効です（④）。これらの処置によっても痛みが軽減しな

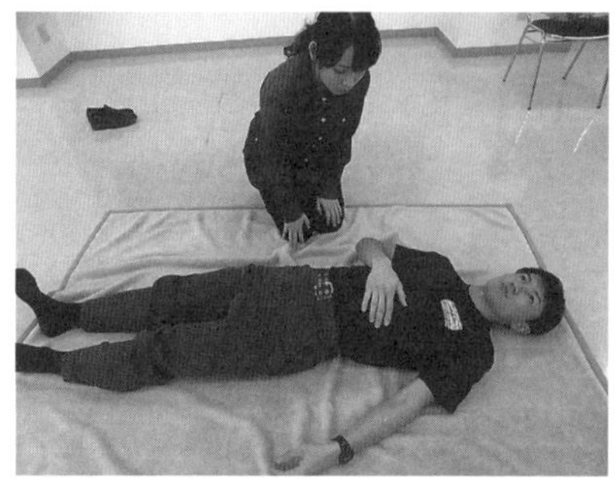

③安静にして様子をみる

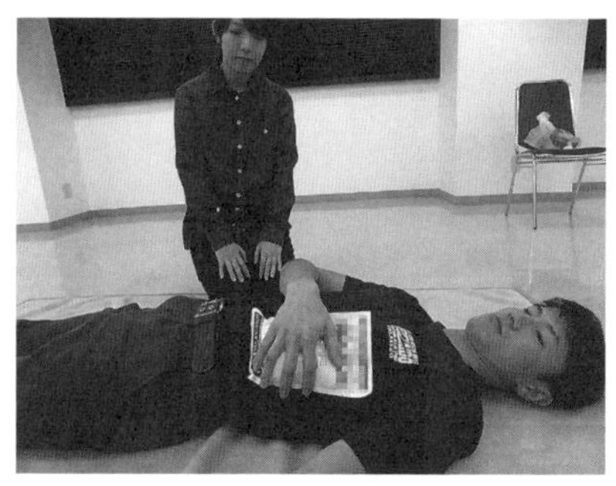

④温めたり冷やしたりすると痛みが良くなる

いようなら医療機関を受診します。

4 解 説

1）狭心症と心筋梗塞

まれに、児童生徒でも狭心症や心筋梗塞を起こす場合があります。どちらも、心臓の血管が細くなり心筋の血液需要に供給が追いつけなくなることによって起こる病気で、心臓の一部が壊死するのが心筋梗塞、壊死には至らないのが狭心症です（図１）。狭心症では短時間の**胸痛**や**左肩の痛み**がみられ、心筋梗塞はその痛みが長時間続き、**死の恐怖**を伴います。

若年者の狭心症や心筋梗塞では、脂質代謝異常などの基礎疾患がありますが、検査する機会がないため、発症してはじめて基礎疾患がわかる場合がほとんどです。

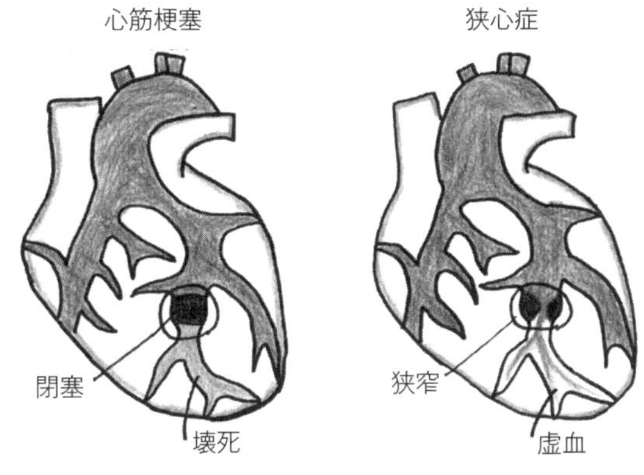

図１
心筋梗塞と狭心症

2）自然気胸

自然気胸は、**背が高く**、**痩せ型**の20歳前後の**男性**が発症しやすい病気です（図２）。肺の上の部分が風船状に膨らみ、そこが破けて空気が外に漏れるもので、胸の痛みとともに呼吸困難を訴えます。

空気の漏れが少ない場合は、安静にしていると自然に回復しますが、漏れが多い時は、空気を抜く管を胸に入れて数日治療します。それでも空気が漏れる場合は、手術で風船状に膨らんだ部分の根元を縫縮した上で、膨らんだ部分を切除します。

図２
自然気胸になりやすい体型

3）そのほか

そのほか、咳を伴う疾患では肺炎や気管支炎、運動による筋炎や脇腹が痛くなる肋間神経痛、水疱を伴った帯状疱疹*、食事が関与することもある逆流性食道炎*などがあります。

胸痛にはさまざまな症状や原因があり、時に命を奪ってしまうような危険なサインの可能性であることも否定できません。激しい痛みが突発的に、あるいは慢性的に持続するようなら、医療機関を受診します。

用語解説　帯状疱疹

小児時に罹患した水疱瘡のウイルスが神経に残存し、それが体力低下により再発するもの。皮膚の痛みに続いて水疱ができます。

用語解説　逆流性食道炎

胃に入った食物や胃液が食道に逆流するもの。胸やけが主症状になります。

こんなことがありました

1　小学４年生の男子児童が、マラソンの練習中に胸痛を訴えて来室しました。ゆっくり息を吐くようにさせると、15分ほどで良くなり、教室に戻っていきました。ところが、次のマラソン練習でも胸痛を起こして来室しました。痩せている児童で、休んでいるうちに良くはなってきているものの顔色が優れないので、自然気胸を疑い、保護者に受診をすすめました。脈拍などは正常範囲でした。

念のため通院しましたが、「異常なし」との診断でした。その後、自分のペースを守るように指示すると、胸痛はみられなくなりました。

2　高校１年生の女子生徒が、定期考査日の２時間目終了後に、胸部が痛いと来室しました。打撲や持病の有無を確認し、いったん仰臥位にさせましたが、前かがみになった方が楽だと言うので、座位でクッションを抱かせて前屈みにさせました。そのうち息をすると痛いと言うようになったので、（女子生徒ですが）気胸を疑い、保護者に連絡し呼吸器科を受診してもらいました。結果、大学病院へ搬送されすぐ入院となりました。ドレーンで治療していたのですが５日後に手術となり10日ほどで退院しました。男子の気胸は多く見てきましたが、女子の気胸ははじめてでした。

---

7 動 悸

「ドキドキする」「動悸がする」などと表現する場合、多くは頻脈を指していて、病気ではありません。不整脈では「脈が飛ぶ」「たまに心臓がトンという」などと表現します。
胸部に強い不快感があれば救急車を呼びます。

1 フローチャート

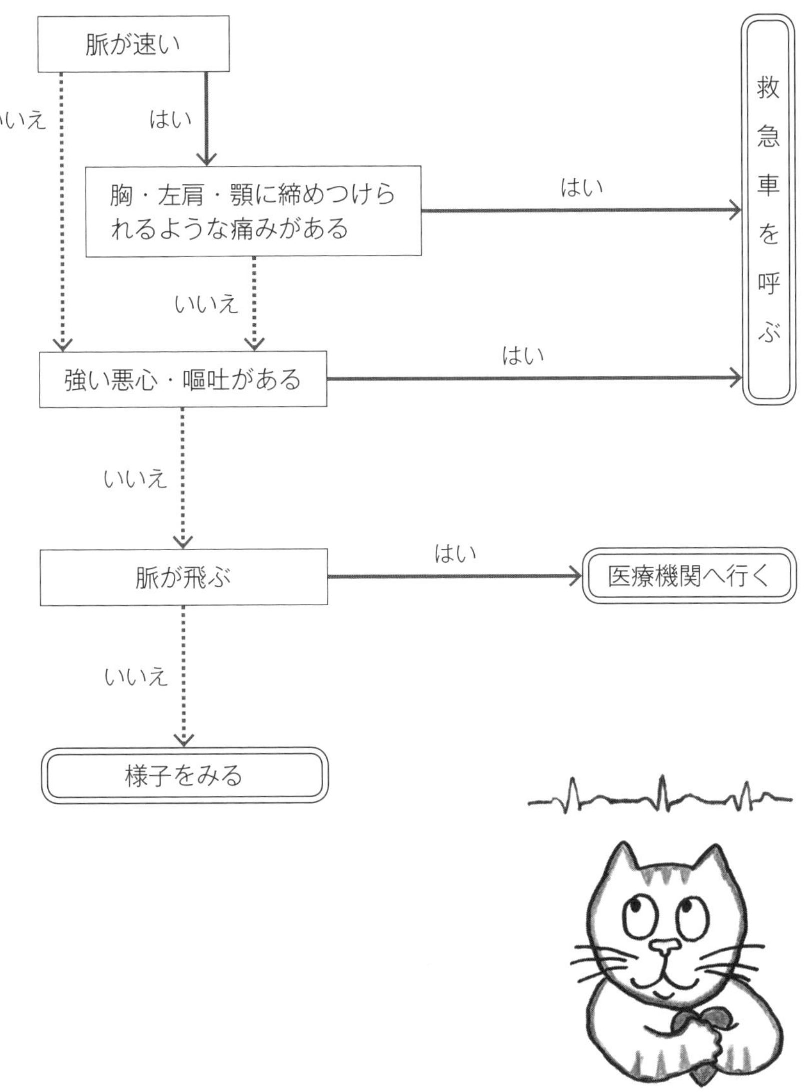

2 判断のポイント

Point 1 ● 脈拍の性状を観察する

橈骨(とうこつ)動脈（①）か、頸動脈（②）を触れて脈を確認します。

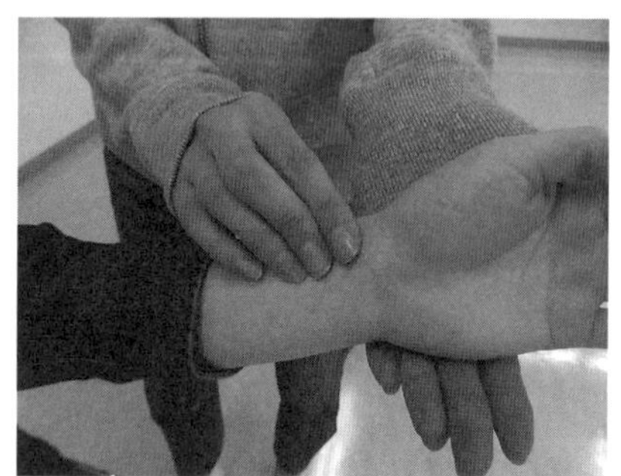
①橈骨動脈

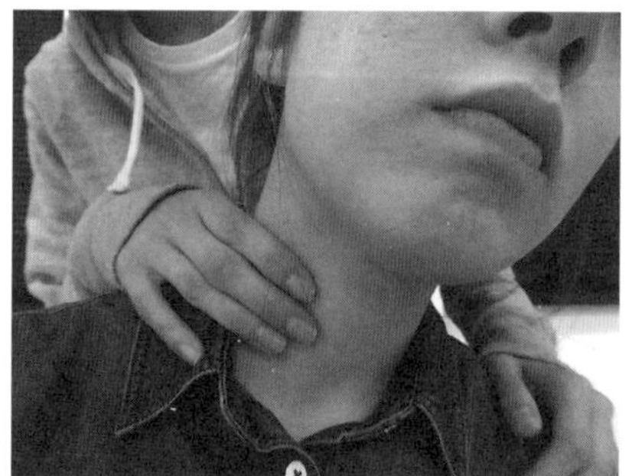
②頸動脈

①速さ（③）

脈の速さを確認します。極端に遅い場合や速い場合など、正常範囲から外れていないか確認します。毎分120回以上の脈がずっと続く場合、胸痛があれば救急車を呼び、なければ安静にします。

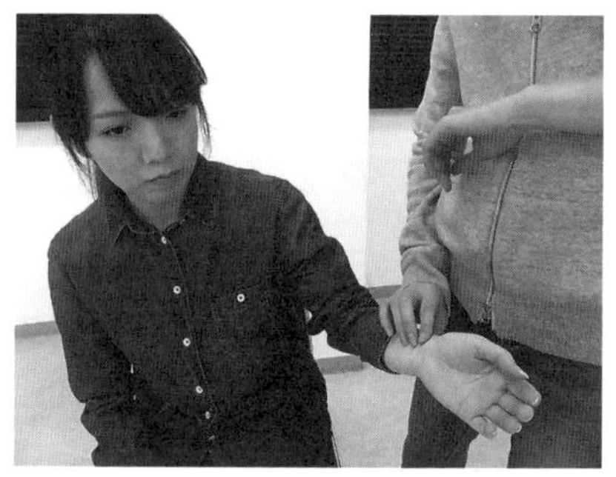
③脈の速さを確認する

②不整脈の有無（④）

脈が速くても、毎分100回までの脈でリズムが一定であれば心配はいりません。脈が不規則なら受診をすすめます。

③そのほか（⑤）

動悸以外に胸痛や嘔吐があれば心筋梗塞などが考えられます。症状が強ければ救急車を呼びます。

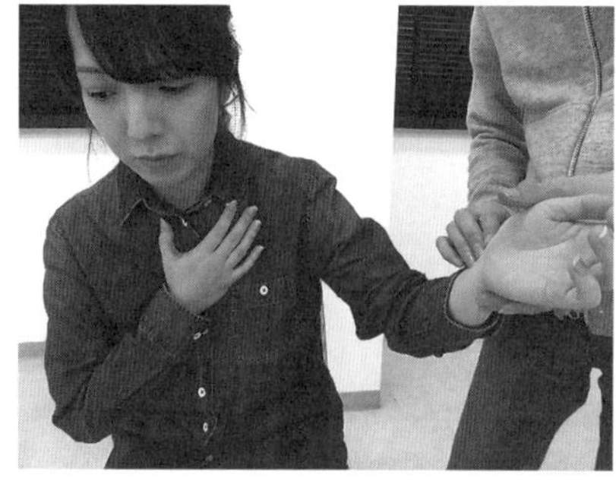
④脈が飛ぶかどうか確認する

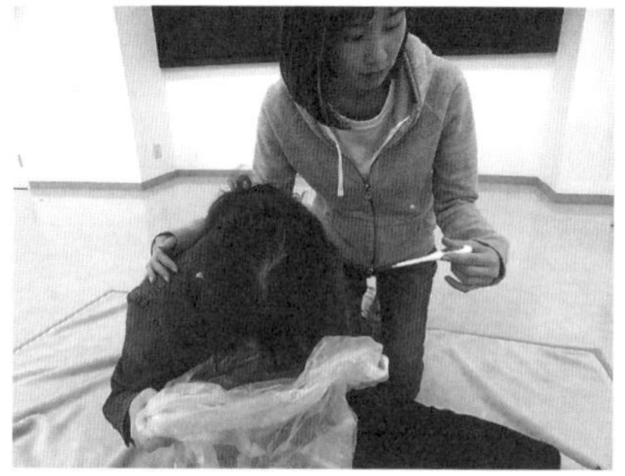
⑤ほかの症状があるかどうか確認する

3 処 置

1）不整脈がない場合（⑥）

胸痛や悪心・嘔吐などの自覚症状がなければ安静にして経過をみます。

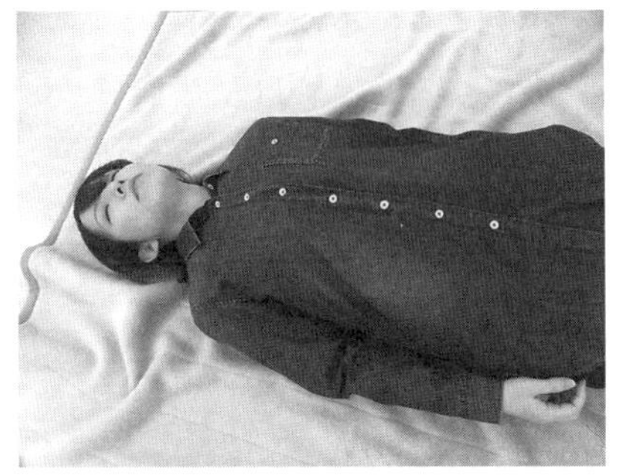

⑥安静にして経過をみる

2）不整脈がある場合（⑦）

数回に1回の割合で脈が飛ぶ場合は、患児の訴えを聞きながら休ませます。不整脈が連続していて、体のだるさなどを訴える場合は、保護者に連絡して医療機関を受診させます。

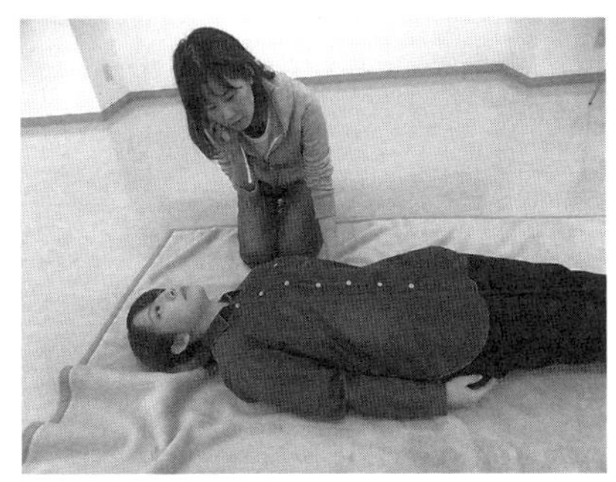

⑦保護者に連絡する

4 解 説

1）脈の観察

不整脈を調べる場合は、**1分以上**脈に触れて確かめることが必要です。保健室に来た時点では不整脈が消失している場合もありますが、頻回に不整脈を訴える場合は受診させます。

2）不整脈・頻脈をきたす疾患

若年者で頻回に不整脈をきたすものに心房細動*があり、投薬や場合によっては心臓カテーテル手術で治療します。まれにWPW症候群やLGL症候群*といった心臓内部の異常で難治性の不整脈をきたす疾患があります。この場合も、カテーテルで不整脈の原因となっている電気の通り道を切除する手術が行われます。

用語解説　心房細動

心房の収縮が不規則になり、それが心室へ伝わって不整脈を起こす病気。高齢者に多くみられますが、若年者でも発症することがあります。

用語解説　WPW 症候群・LGL 症候群

心臓内で電気を伝える電線が余分にあるため、脈を伝える電気がショートして心拍数が異常に上昇する病気。WPW、LGL はどちらも人名の頭文字。

こんなことがありました

小学校高学年の女子児童が、胸がドキドキする、気持ちが悪いと訴えて来室しました。バイタルサインを確認すると、脈が100近かったので、とりあえずベッドで休養させました。少し落ち着いた頃に話しかけると、友だちとのトラブルから体調不良になったことがわかりました。１時間ほど休養すると動悸は治まってきました。その後、担任等と連携してトラブルへの対応を行いました。

カテーテルアブレーション手術

年齢が高くなってくると、常に不整脈を呈する人の割合が増えてきます。その多くは心房細動といって、本来の脈拍をつくるペースメーカー（洞結節）以外の場所から脈拍をつくる電気信号が出ることにより、脈拍が乱れるものです。

心房細動を放置すると脳梗塞の危険が高まりますので、本人やご家族に不整脈がある方は循環器内科に相談してください。

心房細動の治療の第一選択は薬物治療ですが、薬物の反応が鈍かったり心不全をきたしたりする場合には積極的にカテーテルアブレーション手術が選択されるようになってきました。

カテーテルアブレーション手術は、患者の鼠径部の動脈から左心房までカテーテルを入れ、異常な電気信号を出している筋肉の周りを焼くことで、電導路を遮断する手術です（図１）。焼く方法は熱をかける方法と冷却して凍傷をつくる方法の二つがあります。この手術により１回目の手術で80％が、２回の手術で90％が完治し服薬不要となります。WPW 症候群や LGL 症候群も、この手術で異常な電線を切断することによって完治できます。

私は25歳の時に初めて心房細動になり、40歳で１回目の手術を受けました。この時は完治せず、３年後に２回目の手術を受け完治しました。その後50歳を超えた頃からたまに心房細動の発作がありますが、現在は薬物に反応しているので、３回目の手術はもう少し後に延ばせそうです。

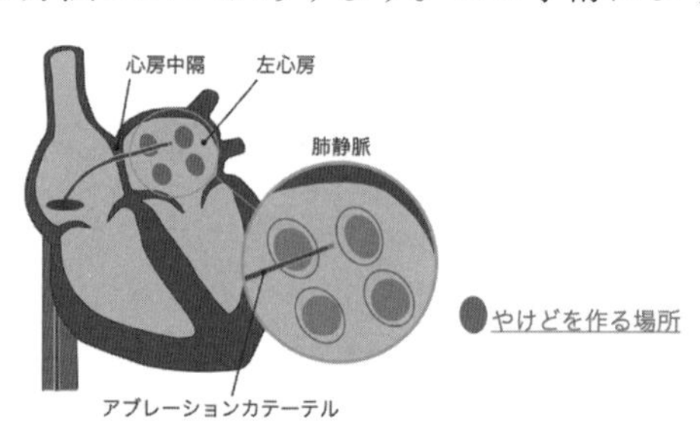

図１
カテーテルアブレーション。右心房に入ったカテーテルは心房中隔を破って左心房へ達し、異常信号を出す心筋の周囲を焼く。異常信号を出す心筋の90％は肺静脈の起始部にあるため肺静脈の入り口を丸く焼き、瘢痕をつくることで異常信号の伝導を断ち切る

8 発 熱

ほとんどの場合、感染症に起因します。高熱ではインフルエンザ、中等度の熱では感冒や胃腸炎が考えられます。まれに、髄膜炎や虫垂炎に起因する場合もあります。女子生徒ではホルモンバランスの異常によって、軽度の高体温がずっと続くこともあります。

1 フローチャート

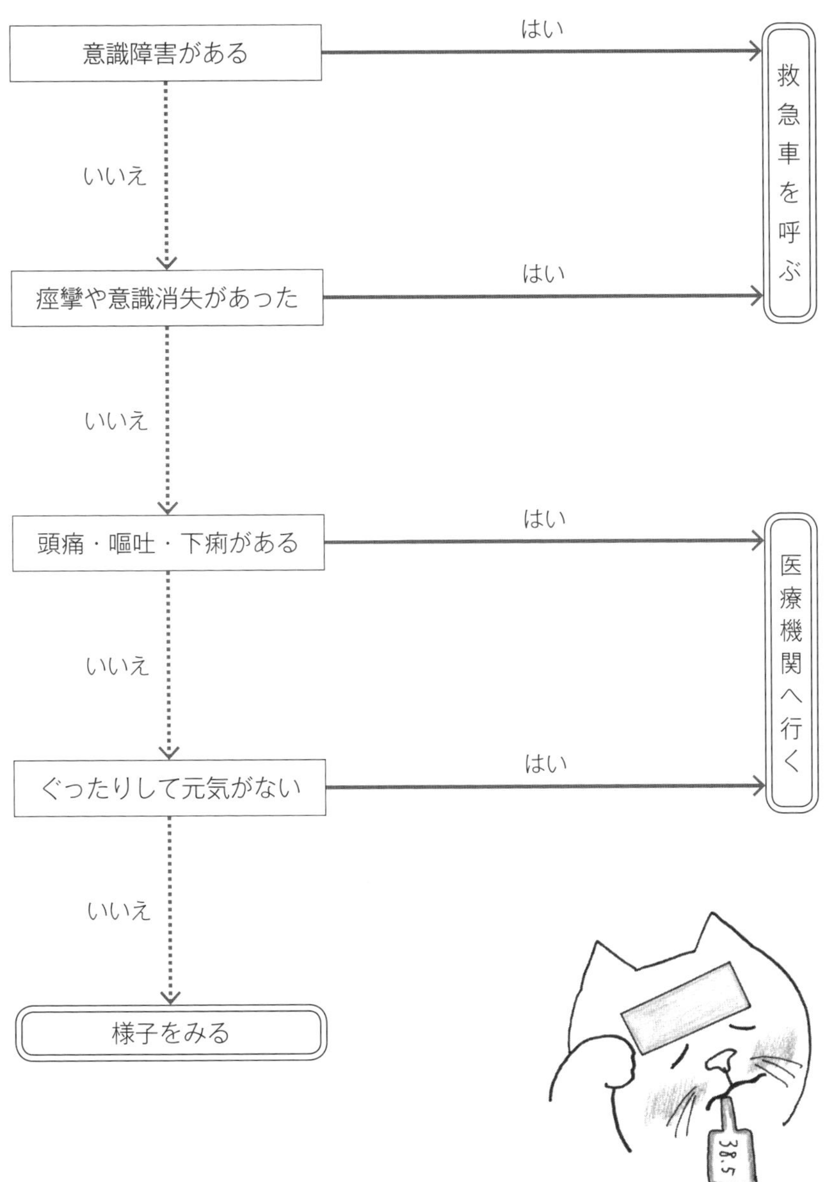

2 判断のポイント

Point 1 ● 熱の上がり方と測定値

現在どれくらい熱があるのかに加えて、熱の上がり方も確認します。インフルエンザでは突然40℃近くに発熱します。胃腸炎や虫垂炎では38℃程度に徐々に上がっていきます。

Point 2 ● 随伴症状

高体温で大関節の痛みがあればインフルエンザを疑います（①）。腹痛や嘔吐があれば消化器の感染症を考えます（②）。強い頭痛と吐き気に加えて意識障害を発症すれば髄膜炎の可能性があります（③）。

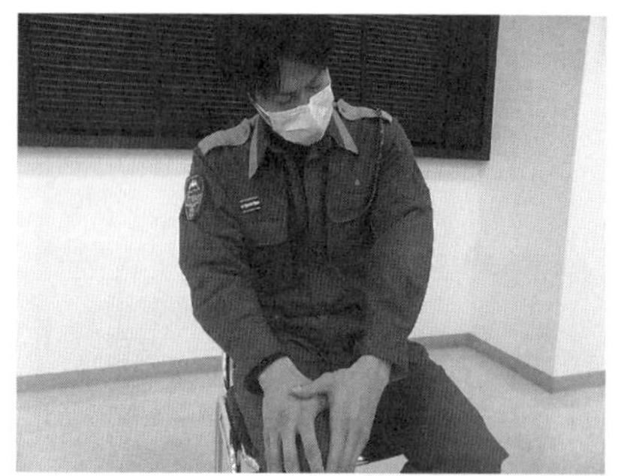

①インフルエンザでは関節痛を伴う

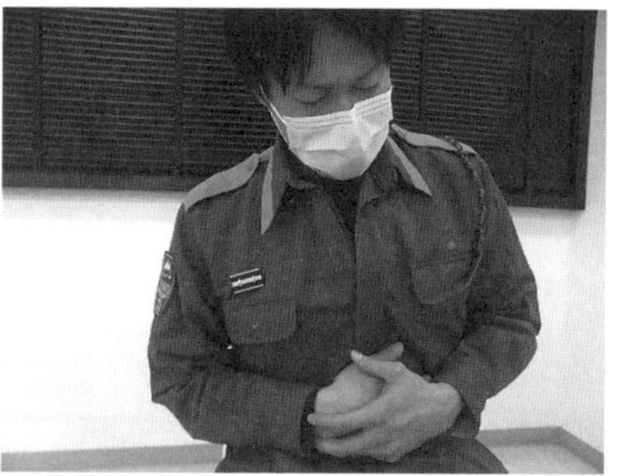

②腹痛や嘔吐があれば消化器の感染症を考える

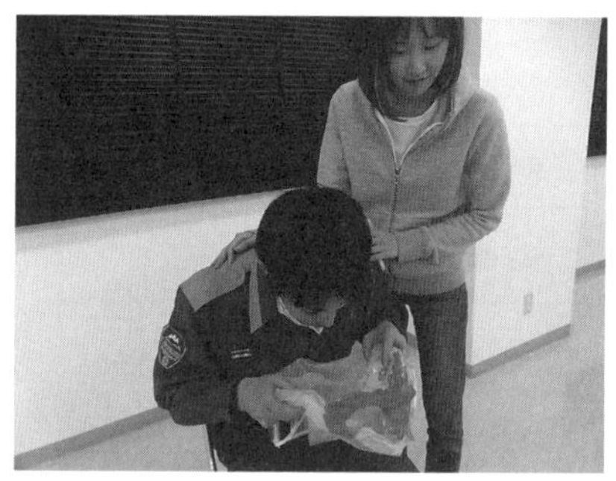

③強い頭痛と吐き気と意識障害があれば髄膜炎の可能性がある

3 処　置

発熱が軽度で全身状態が良好なら、安静にして回復を待ちます。38℃以上の発熱や随伴症状が強い場合は、保護者に連絡して医療機関を受診させます。ノロウイルスの感染症が疑われる場合には、**患児周辺の消毒**を行います。

4 解　説

1）インフルエンザ

インフルエンザは突然の発熱と関節の痛みで発症します。予防接種をしていれば発熱期間は１日短縮され、抗インフルエンザ薬の投与でさらに１日短縮されます。インフルエンザの可能性があれば、医療機関で検査を受け、適切に薬を服用します。

インフルエンザは飛沫感染・接触感染が主な感染経路です。インフルエンザウイルスは**消毒薬がよく効く**ので、咳の飛沫は消毒薬でこまめに拭き取ります。マスクに関しては、感染者が他者にうつすことを防止する効果は認められていますが、健常者のインフルエンザ感染を防止する効果は認められていません。

2）ノロウイルス

ノロウイルスは感染力が高く、わずかなウイルス数でも発症するため、集団感染が問題となります。

ノロウイルスの消毒は、**次亜塩素酸ナトリウム**や**アルコール**が有効です。アルコールでは、消毒に加えて汚れを落とす働きもあるので、備品や調度品の消毒に用いられます。ただ、ノロウイルスはアルコールに抵抗性を示すので、**二度拭き**が推奨されています。

3）発熱の意味

発熱は熱を利用して病原菌を殺す生体の防御反応です。解熱剤などで強制的に体温を抑制すると、熱に弱いウイルスや細菌の動きを活発化させ、感染症を長期化させる可能性があるので、むやみに解熱剤を使用することは避けます。

高熱は体を疲労させますが、生活に支障が少ない発熱なら、そのまま様子をみます。

4）髄膜炎・脳炎は危険なサインを見逃さない

ウイルスや細菌の感染によって、ときに致命的な後遺症を残す可能性があるのは、髄膜炎・脳炎です。これらの症状としては、比較的早期に激しい頭痛があり、体動で痛みが増強したり嘔吐を伴ったりすることがあります。発熱、項部硬直、意識障害といった症状がある場合は、十分に注意しながら早期に医療機関を受診します。

ただし、すべての症状が出現するとは限らないので、不穏状態やぼーっとしているなど、症状に気がついた時は受診します。

こんなことがありました

小学５年生の男子児童が、発熱のためベッドで休養していたところ、急激に体調が悪くなり、高熱と視線が泳ぐようなフラフラとした感じになりました。すぐに保護者に連絡し、医療機関を受診してもらったところ、無菌性髄膜炎との診断で、入院になりました。

---

9 悪心・嘔吐

悪心は喉から胃にかけて不快感があり吐きそうな状態を、嘔吐は吐くことをいいます。
原因は大きく胃腸炎と食中毒に分けられます。まれに重大な疾患が隠れている場合があります。

1 フローチャート

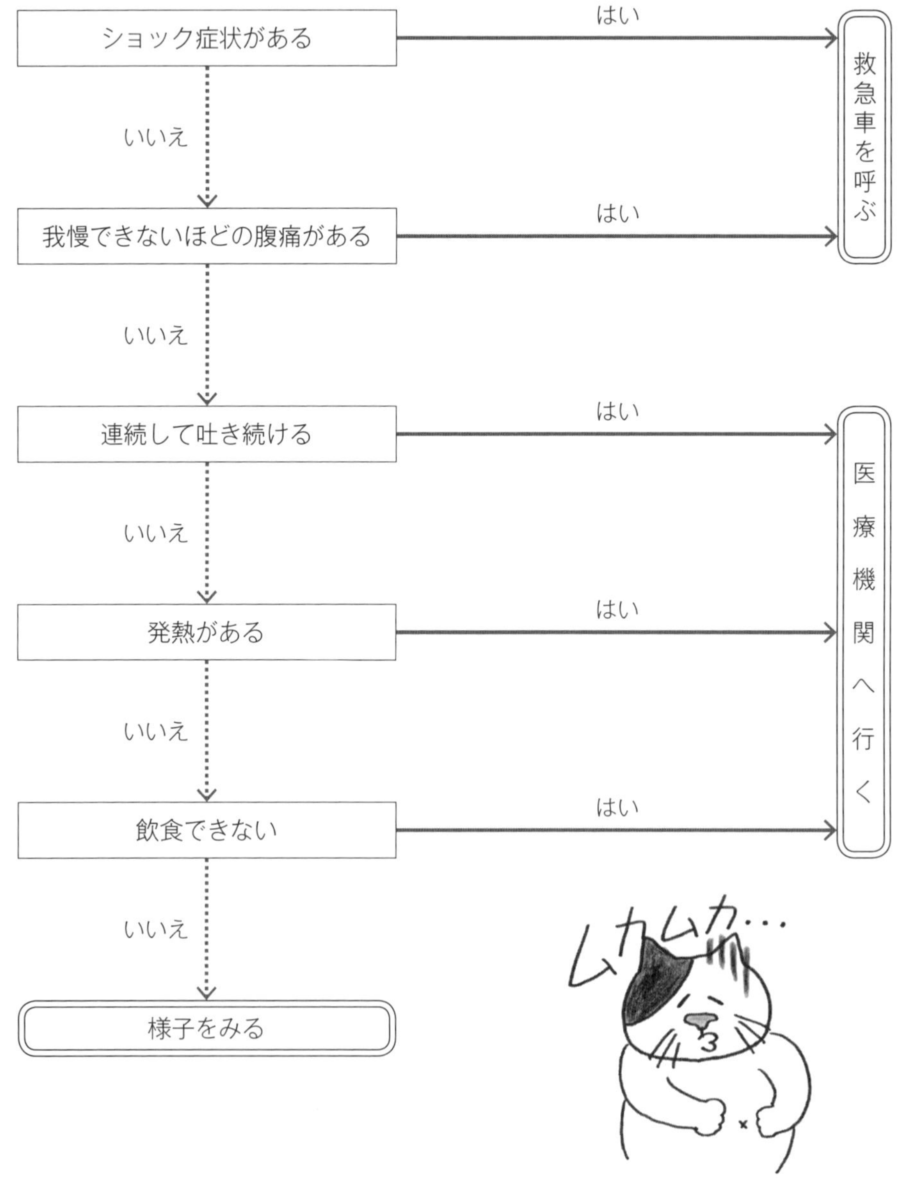

2 判断のポイント

Point 1 ● ほかに強い症状がある（①）

悪心・嘔吐のほかに、ショック症状や、強い腹痛・止まらない嘔吐・下痢があれば、救急車を考慮します。

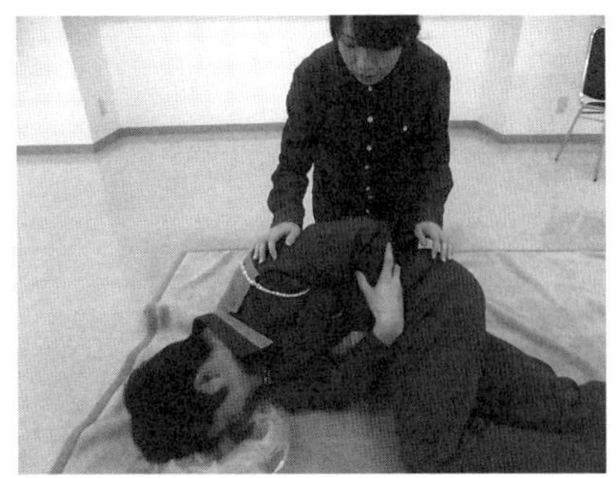

①ほかに強い症状がある

Point 2 ● 頻度

短期間で連続して嘔吐する場合は急速に症状が悪化する可能性があるので、医療機関を受診します。2、3回で治り、ほかに症状がないようなら、そのまま様子をみてかまいません。

3 処　置

吐いたものを誤嚥しないように、顔を横向きにして寝かせます（②）。口の中の吐物は指にガーゼを巻いてかき出します（③）。

繰り返し嘔吐している時や強い吐き気がある場合は水分を受けつけません。症状が落ち着いたら本人の飲みたいものを少量ずつ頻回に補給します（④）。

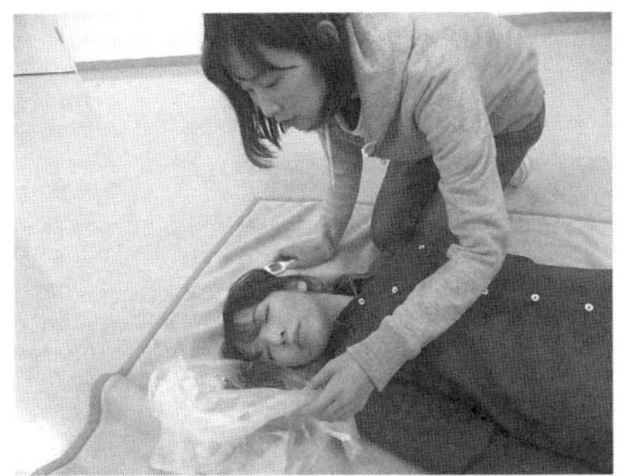

②吐いたものを誤嚥しないよう、顔を横向きにして寝かせる

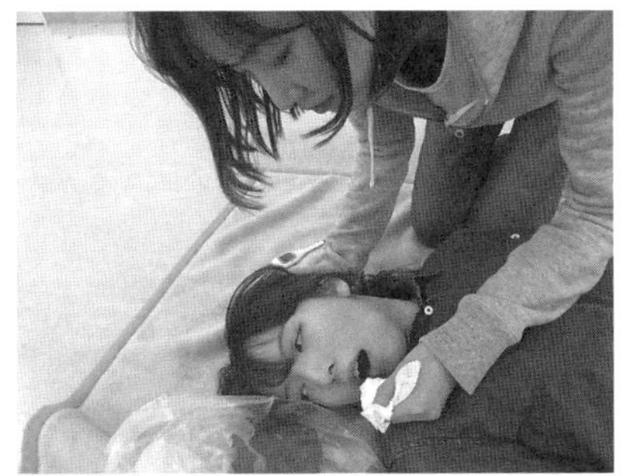

③口の中の吐物は指にガーゼを巻いてかき出す

④症状が落ち着いたら水分を補給する

激しい嘔吐を繰り返すと、脱水を起こす可能性があるので、落ち着いたら水分を補給します。経口摂取できなければ医療機関で輸液（点滴や静脈注射などにより液体を投与すること）を考慮します。

4 解　説

嘔吐の原因は感染症と食中毒がほとんどです。車酔いやめまい、起立性低血圧などでも起こります。吐き気をもよおす前に嘔吐すると患児はかなり動揺するため、まずはこの不安感を取り除きます。

感染症と食中毒での嘔吐は体の中に入った毒素を排出させるための生理的な反応であり、積極的に止めることはしません。頻回の嘔吐で胃液が排出されると塩素イオンが減少するため、速やかな回復のためには輸液が必要になります。

脳疾患や神経系の異常による場合は救急搬送の対象となります。意識障害がある、ぐったりしている場合は回復体位を取らせるか、顔を横向きにして誤嚥を防ぐ必要があります。

こんなことがありました

1 小学２年生の女子児童が、吐き気と腹痛を訴えて保健室に来室しました。トイレへつき添うと、軟便の様子が伺え、その後何度か嘔吐がありました。バイタルサインは37.3℃と高くはありませんでしたが、保護者に連絡して早退しました。受診の結果、胃腸炎との診断でした。

2 前任の中学校では発達障害の生徒（疑い含む）は嫌なことがあるとストレス反射で嘔吐する子が複数いました。現任校では、「学校が変わり給食が合わず、食後に体調が悪い」と何度か来室する生徒がいます。前日と気温差が出ると、コントロールできずに具合が悪くなる生徒が増えます。頭痛を訴え保健室に来室する生徒は多いですが、熱は高くなく、寝不足でもなく、でも脈拍が早くて顔色も悪い生徒は吐くことが多いなぁと思いました。そういう場合は大事を取って早退させますが、大体はスッキリして家で元気に過ごしています。

10 下　痢

軟便もしくは液状便が頻回に出ることを下痢といい、腹痛を伴います。下痢の原因は学童期では感染症がほとんどです。ノロウイルスのように感染性の高い病原体が隠れている場合があり、汚物やトイレの処理が大切になります。

1 フローチャート

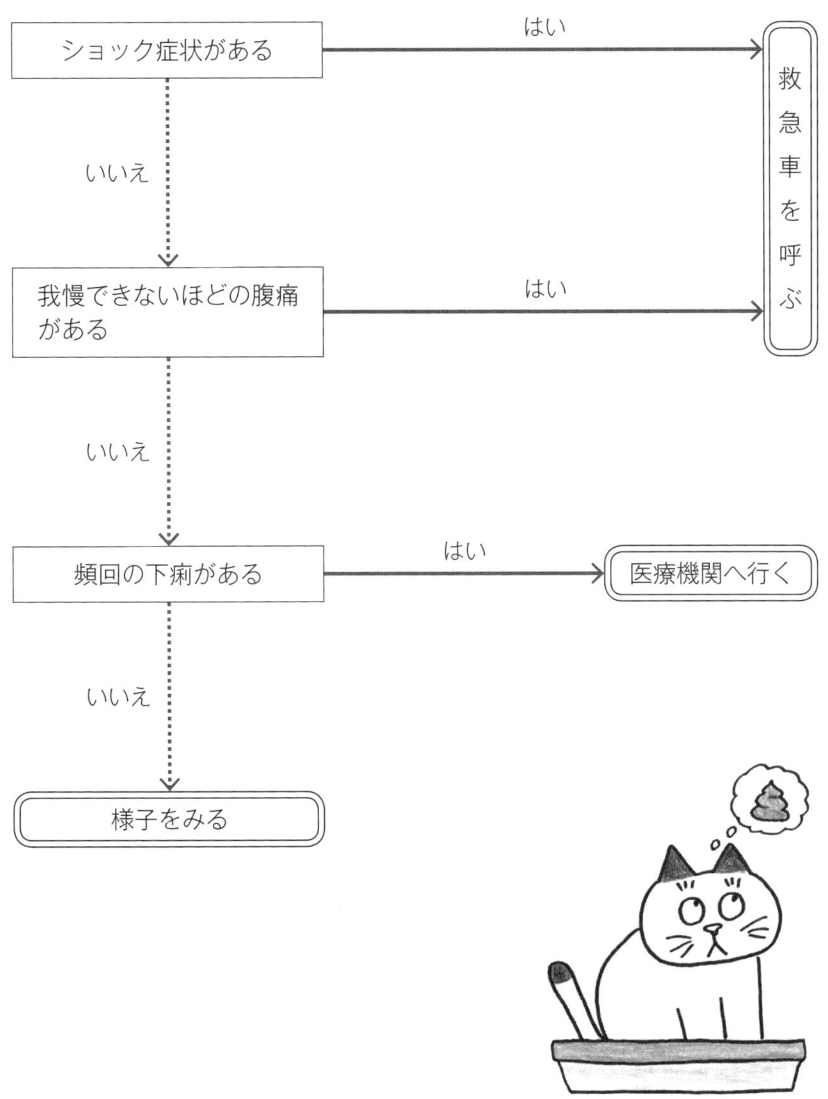

2 判断のポイント

Point 1 ● ほかに強い症状がある（①）

下痢のほかに、ショック症状や、強い腹痛があれば救急車を考慮します。

Point 2 ● 頻回の下痢は医療機関へ

トイレから出られないほど頻回の下痢では脱水を起こす可能性が高く輸液が必要になります。医療機関を受診します。

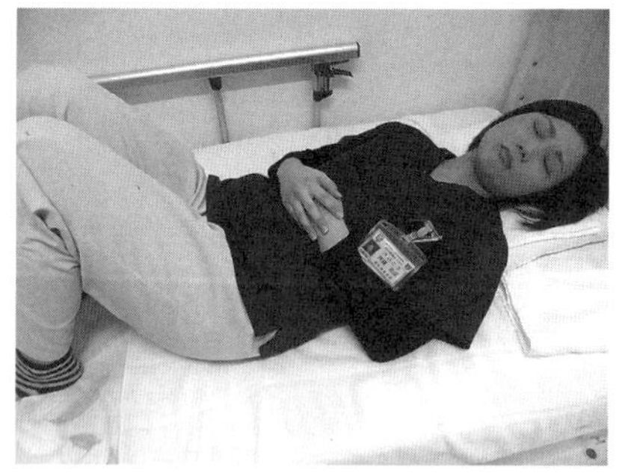
①ほかに強い症状があるかどうか確認する

3 処　置

1）原則、絶飲食

下痢の最中は原則として絶飲食です。水であっても下痢を誘発します。脱水になりそうなほど頻回に下痢をしている場合は医療機関を受診します。

2）汚物処理

汚物が飛散した場合は、次亜塩素酸ナトリウムやアルコールを使って環境を消毒します（②）。

②汚物が飛散した場合は消毒する

3）体位管理

吐き気、嘔吐を伴う場合は、吐いたものを誤嚥しないように顔を横向きにして寝かせます。

4 解　説

1）ノロウイルス

下痢で問題になるのはノロウイルスです。次亜塩素酸ナトリウムによる消毒が推奨されていますが、アルコールでも有効です。ただアルコールの効果は次亜塩素酸ナトリウムに劣るので二度拭きするようにします。

床を拭くのは安価な次亜塩素酸ナトリウムを、ドアノブなど手を触れる部分の消毒には汚れを落とす作用があるアルコールを用いるといいでしょう。

2）回復後は水分補給

症状が回復し、そのほか発熱や腹痛などの症状がなければ、失った水分を補給して安静を保ち様子をみます。

3）ショック症状があれば救急車を要請

頻回の下痢で顔色が悪く、ぐったりする、脈拍が弱く速いなどショック症状がある場合は、救急車の対象です。大量の下痢では体の水分が急激に失われ、脱水症状になります。特にショック症状を見逃さないようにします。

こんなことがありました

小学5年生の児童で、37.5℃前後の微熱がしばらく続き、検査入院をしました。諸検査をしましたが、なかなか疾患が特定できずにいました。退院後も毎日夕方から夜間にかけて発熱があり、心因性のものとも考えられましたが、原因不明のため、保護者も大変心配しました。その後1ヶ月ほど経過したころ、下痢症状が続いたため再入院・検査をしたところ、「クローン病*」と診断されました。入院中に食事指導を受け、病気とのつきあい方等も教えてもらいました。退院後、学校へはお弁当を持参していましたが、給食での判断も含め、学校生活全般で自己管理ができ、無事に小学校生活を送りました。

用語解説　クローン病

原因不明の炎症性疾患。主に大腸が冒されますが、それ以外にも全身に肉芽腫という小さな肉の塊ができます。下痢、下血、腹痛が主症状で、潰瘍形成によって腸管が破けることもあります。

11 腹　痛

ここでは胃腸炎以外の腹痛について解説します。胃腸炎以外で最も多く経験する腹痛は便秘です。痛みが徐々に強くなり移動する場合は虫垂炎を、ぶつかった後の腹痛は内臓の損傷を考えます。

1 フローチャート

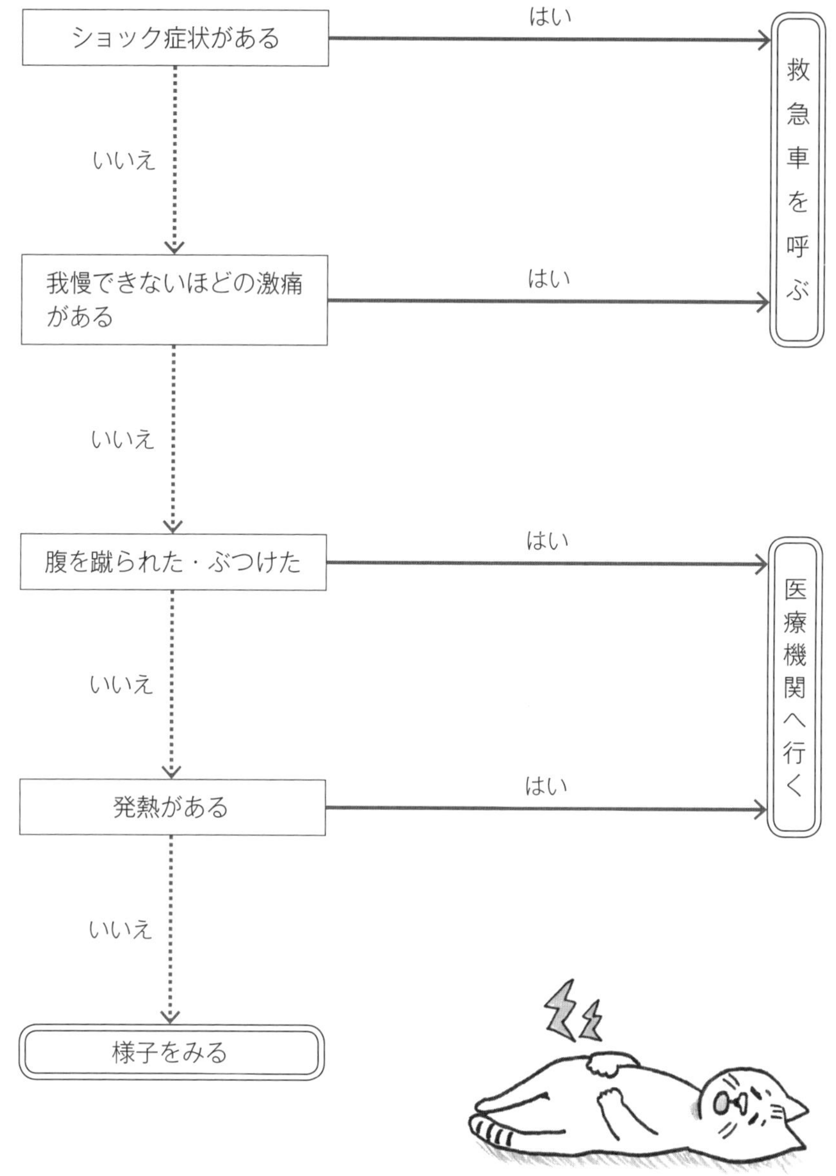

2 判断のポイント

Point 1 ● 痛む場所（①）

一言で腹痛といっても、その痛みにはさまざまな痛み方があり、それを確認することが腹痛に対する観察の第一歩です。

便秘では左下腹部が痛くなったり楽になったりします。虫垂炎ではみぞおちの痛みからはじまり、右下腹部へ痛みが移動します。外傷に起因する痛みの場合は、はじめはぶつけた周辺が痛くなり、腹膜炎を併発すると腹全体が痛くなります。

Point 2 ● お腹を触れてみる（②）

強い痛みを訴えていてもお腹が柔らかければ重症な疾患ではありません。お腹を触って硬いようなら、状態によって救急車を考慮します。

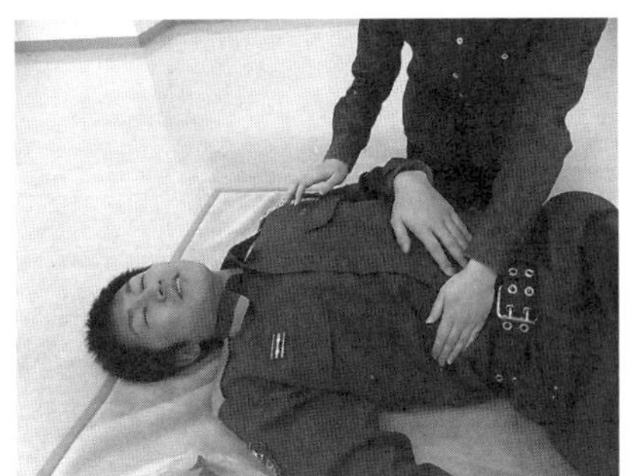
①痛む場所を確認する

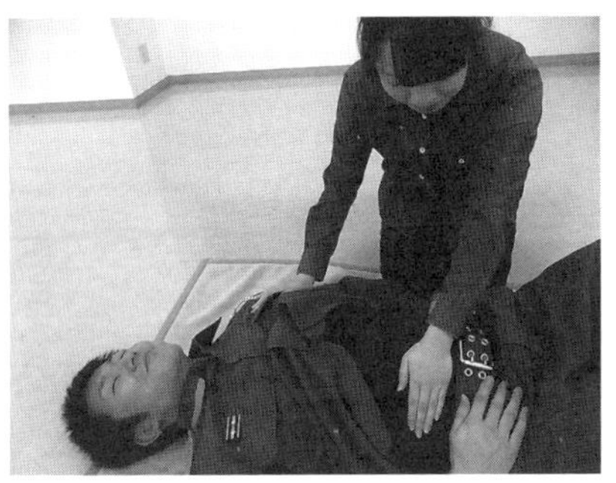
②触ってお腹の硬さを確認する

3 処 置

便秘が疑われる場合は、便通の状態を確認してトイレへ行くよう促します。便が硬く排便できない場合は、医療機関で処置してもらいます。

虫垂炎や外傷による腹痛が疑われる場合も医療機関を受診します。

4 解 説

1）便秘

便秘は排便の悪習慣により引き起こされます。便秘が続くと大腸の中で便が硬くなり、蠕動運動によっても移動できないようになります。この時には蠕動運動に応じた、強弱のある強い痛みを感じます。たまに当日排便があっても残便のために痛みを感じることがあります。痛む場所（左下腹部）と痛みの性質（強弱を繰り返す）によって判断できます。

2）急性虫垂炎

「盲腸」といわれるもので、糞石が虫垂に詰まってそこに大腸菌などが繁殖し炎症を起こすものです。典型例では、みぞおちや臍の辺りの痛みからはじまって、徐々に右下腹部に痛みが集中するようになります。嘔吐を伴うことが多く、軽度の発熱がみられます。感染症なので抗生物質が有効ですが、糞石がある限り再発するため、手術で虫垂を切除します。

炎症が進行し重症化すると、虫垂が破れて高度の腹膜炎を引き起こす恐れがあるので、早期の受診が肝心です。

3）異所性妊娠の中絶

「子宮外妊娠の破裂」といわれていたものです。他人に気づかれないまま、時として本人自身にも自覚がないまま妊娠が進行し、ある時突然発症します。

多くは子宮卵管に受精卵が着床し、卵が大きくなることで卵管が破裂して腹腔内に出血します。突然下腹部に強烈な痛みを生じ、徐々にショック状態になります。ショック状態では救急車の対象です。

こんなことがありました

自分の話です。夏休みが終わり、学校がはじまって間もなく左上腹部痛を感じました。あまりいい感じの痛みではなかったため、翌日医療機関を受診すると胃腸炎と診断されました。薬を処方してもらい、さらに翌日出勤しました。しかしだんだん痛みは増すばかりで、脂汗が流れて車の運転も辛いくらいでした。退勤後とうとう我慢できず、最初にかかった医療機関に再度救急で診てもらうと、虫垂炎かもしれないと診断されました。その時には上腹部の痛みから右下腹部の痛みに場所が変わってきていました。そして一晩そこの医療機関で過ごし、翌日別の医療機関に救急搬送され急性虫垂炎と診断され１週間入院しました。

虫垂炎は痛みの場所が移動するので、学校でも腹痛を訴える児童生徒がいたら、注意深く観察していく必要があると改めて感じました。

---

12 かゆみ

急に皮膚がかゆくなる場合は、蕁麻疹か虫刺されを疑います。常にかゆい場合はアトピー性皮膚炎や慢性湿疹を考えます。アトピー性皮膚炎と慢性湿疹については受診をすすめます。
目や耳のかゆみもほとんどはアレルギーによるものです。

1 フローチャート

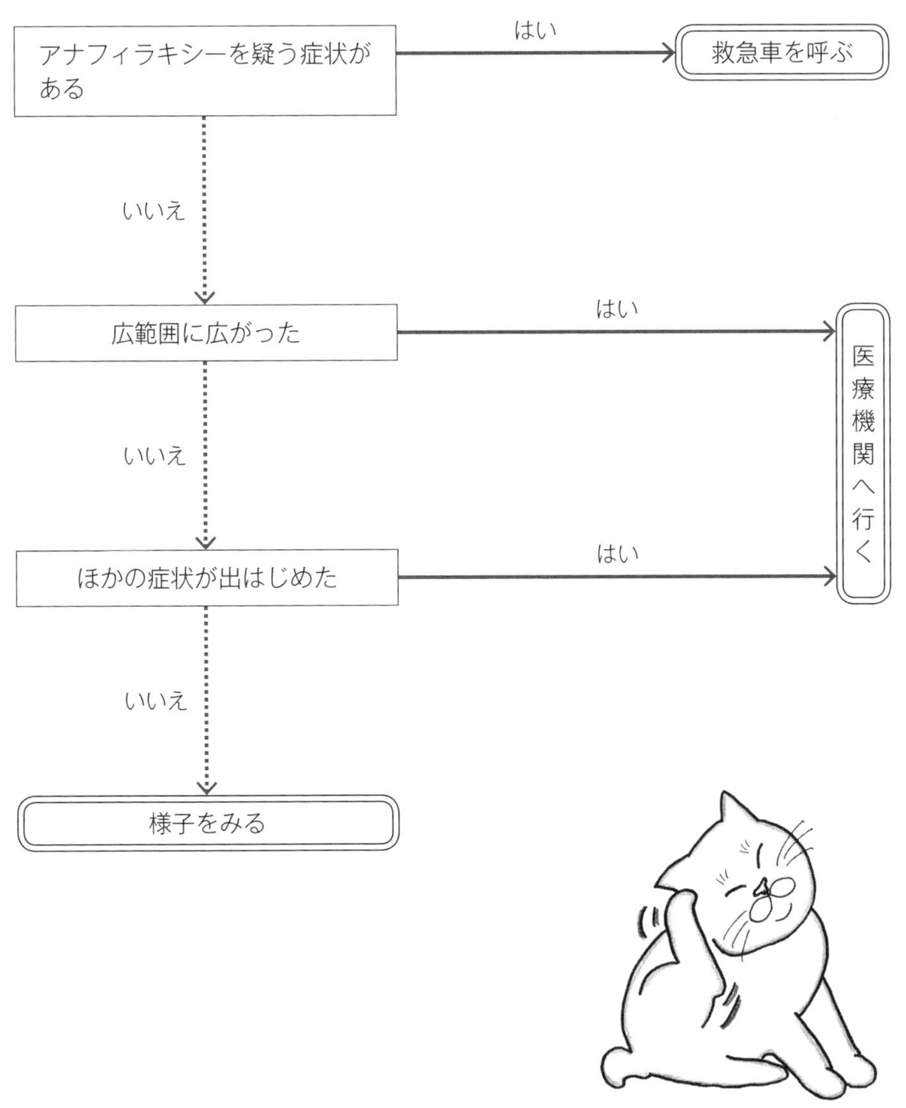

2 判断のポイント

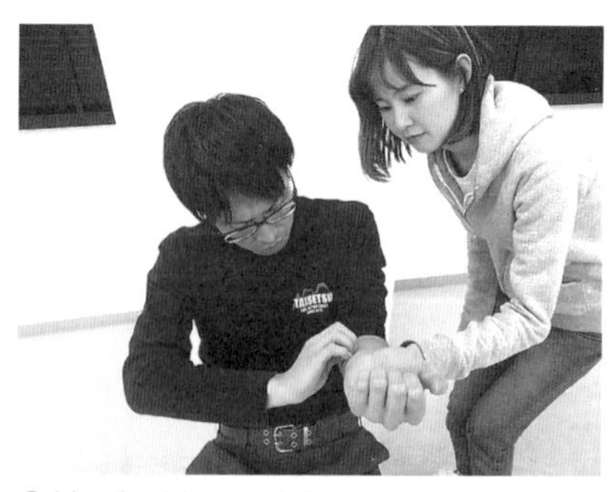

①刺し傷があれば虫刺されを、なければ蕁麻疹を疑う

Point 1 ● 急にかゆくなる、皮膚に発赤と丘疹がある（①）

刺し傷があれば虫刺されを、なければ蕁麻疹を疑います。

Point 2 ● 常にかゆい

アトピー性皮膚炎や慢性湿疹を疑います。

Point 3 ● 急激に具合が悪くなった

蜂刺されなどによるアナフィラキシーショックの可能性があります。息苦しさや喘鳴、ショック症状が認められるなど全身状態が急激に悪化する場合は、救急車を呼びます。

3 処 置

1）冷やす（②）

かゆいところを、冷却パックや冷やした濡れタオルで冷やします。冷やすことで、かゆみも腫れも抑えることができます。

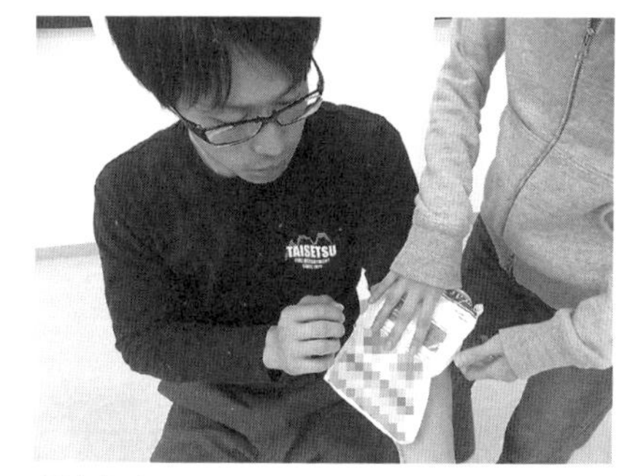

②冷やす

2）抗ヒスタミン剤を塗る

患児が抗ヒスタミン剤などを持っていれば、それを薄く塗ります。

4 解 説

1）蕁麻疹

突然、皮膚にかゆみと赤みが発生する蕁麻疹では、アレルギー性（原因物質〈アレルゲン〉に触れる、吸う、飲み込むなど）と非アレルギー性（温度変化、運動、日光、ストレスなど）に大別されます。

蕁麻疹はアナフィラキシーの前駆症状として発症することがあり、症状が急激に悪化することがあります。蕁麻疹のほかに、くしゃみ、咳、まぶたや口唇のむくみ、喉の詰まり、息苦しさ、強い嘔吐や下痢を訴えるようであれば、すぐに救急車を呼びます。

2）アトピー性皮膚炎

蕁麻疹と同じくアレルギーが原因で、かゆみを伴います。小児の場合、かゆみを我慢させるのは難しいことが多く、かくことによって症状が悪化し、さらにかゆみが増してしまうといった悪循環に陥ってしまいます。

また、本人が皮膚をかき続けることで皮膚の性状が変化し、赤みがかった独特な色調になります。適切な投薬によって症状を軽快させる必要があります。

3）慢性湿疹

慢性湿疹としては、頻繁に手洗いをすることで指先が荒れてしまう主婦湿疹が有名で、かゆみと強い肌荒れを伴います。水を使う場合は手袋を使うなど環境を整えるとともに、医療機関で治療を受けます。

4）そのほか

症状が悪化、進行すると、赤みの範囲が広範囲に広がる場合があります。アレルギー体質で、アトピー性皮膚炎・蕁麻疹を発症する原因がわかっている場合は、原因となる物質（アレルゲン）を取り除いたり遠ざけることによって、症状の悪化を防ぐことができます。

原因がはっきりしていない場合は、対症療法となります。症状が悪化するようであれば、医療機関を受診します。

こんなことがありました

小学２年生の女子児童が生活科の授業で外で活動した後に、腕が痛くてたまらないと訴えて保健室に来室しました。両腕を見ても、腫れや赤みやトゲが刺さっていることもなかったのですが、念のため受診しました。医療機関では、ガムテープのようなものを腕に貼ったり剥がしたりを数回繰り返し、その後、消毒をしてもらいました。すると、痛みがまったくなくなりました。透明なトゲが無数に刺さっていたことに起因していたようでした。

参考資料

こんなとき、何科を受診すればいい？

本書に掲載した疾患・症状がみられた際に、はじめに受診すべき科を示します。

疾患によっては多くの科が関連しますが（例：胸痛では循環器内科、消化器内科、整形外科など）、それでもはじめに受診した科で次に受診すべき科を紹介してくれます。

心肺停止の危険があるものはすべて救急車を要請してください。

疾患・症状	受診科
【あ】	
アキレス腱断裂	整形外科
アトピー性皮膚炎	皮膚科
アナフィラキシーショック	救急車
意識障害	救急車
異所性妊娠	産婦人科
胃腸炎	消化器内科
一酸化炭素中毒	救急車
インフルエンザ	呼吸器内科
【か】	
過換気症候群（非発作時）	精神科
感冒	呼吸器内科
気管支炎	呼吸器内科
気胸	呼吸器内科
気道異物	救急車
逆流性食道炎	消化器内科
急性胃腸炎	消化器内科
狭心症	循環器内科
胸痛	循環器内科

疾患・症状	受診科
くも膜下出血	脳神経外科
頸椎脱臼	整形外科
痙攣	救急車
下血	消化器内科
下痢	消化器内科
呼吸困難（慢性）	呼吸器内科
呼吸停止	救急車
骨折	整形外科
【さ】	
刺し傷（軽症）	一般外科
刺し傷（重症）	救急車
失神	救急車
食中毒	消化器内科
食物アレルギー	一般内科
ショック	救急車
心筋梗塞	救急車
心臓震盪	救急車
心停止	救急車
シンナー中毒	救急車

疾患・症状	受診科
心肺停止	救急車
蕁麻疹	皮膚科
髄膜炎	一般内科
擦り傷	一般外科
脊髄損傷	整形外科
喘息（非発作時）	呼吸器内科
【た】	
帯状疱疹	皮膚科
脱臼	整形外科
たばこの誤飲	消化器内科
打撲	整形外科
窒息	救急車
虫垂炎	消化器内科
突き指	整形外科
手足のけが	整形外科
手足のしびれ	整形外科
溺水	救急車
てんかん	神経内科
転換性障害	精神科
動悸	循環器内科
頭部外傷	脳神経外科
頭部外傷後痙攣	神経内科
頭部打撲	脳神経外科
吐血	消化器内科
【な】	
肉離れ	整形外科
熱傷（軽症）	形成外科
熱傷（重症）	救急車
熱性痙攣	小児科
熱中症	救急車

疾患・症状	受診科
捻挫	整形外科
脳炎	神経内科
脳内出血	脳神経外科
脳貧血	循環器内科
【は】	
肺炎	呼吸器内科
背部痛	整形外科
蜂に刺された（軽度）	皮膚科
蜂に刺された（重度）	救急車
鼻の異物	耳鼻咽喉科
パニック障害	精神科
歯の脱臼	歯科
腹部外傷	一般外科
腹部打撲	一般外科
便秘	消化器内科
ボタン電池の誤飲	消化器内科
【ま】	
慢性湿疹	皮膚科
耳の異物	耳鼻咽喉科
メニエル病	耳鼻咽喉科
目の異物	眼科
目の外傷	眼科
めまい	耳鼻咽喉科
【や】	
薬剤の誤飲	消化器内科
指切断	整形外科
腰痛	整形外科
【ら】	
硫化水素吸入	救急車
肋間神経痛	整形外科

おわりに

この本は2020年３月、新型コロナ感染症が日本に広まり始めた時に出版されました。現在はコロナ禍３年目。20世紀最大のパンデミックであるスペイン風邪が３年で終息したことを考えると、新型コロナパンデミックも終息が近いと考えられます。以下に新型コロナウイルスオミクロン株についてまとめました。

ウイルス感染症の原則：変異株が一定の割合で出てきます。その中で、感染力が強く症状が軽いものが他の変異株を駆逐していきます。宿主を殺すと種の保存ができないためです。オミクロン株やステルスオミクロン株ではデルタ株以前に比べ患者数は多いのに死亡者はわずか（図１）[1] なのはそのためです。

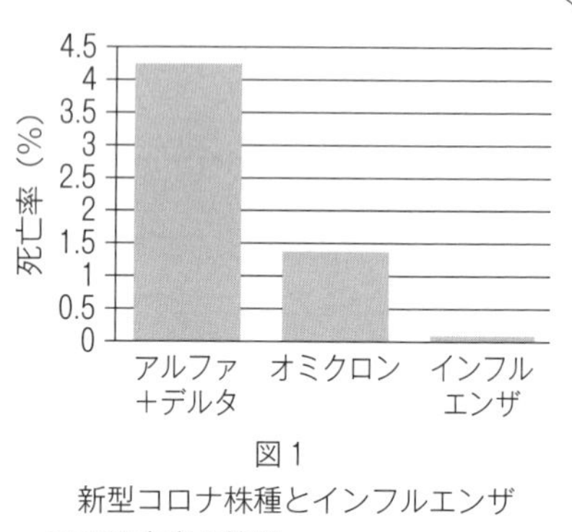

図１
新型コロナ株種とインフルエンザでの死亡率の比較

感染経路：空気感染・飛沫感染・接触感染。空気感染はウイルスを含む粒子が空気を漂い、その粒子を吸った人が感染するものです。

感染者：29歳以下で53%を占めます（2022年１月）。デルタ株の流行期であった2021年２月では27%でした[2]。

症状：オミクロン株は早く症状が出て（潜伏期間はデルタ５日、オミクロン３日、ステルスオミクロン2.5日）早く治ります（ウイルス排出期間はデルタ18日、オミクロン有症状者10日、無症状者８日）[3]。症状は流行性感冒と同じ。中心症状は４歳以下は発熱、鼻水、咳。５～12歳では発熱、喉の痛み、咳。感染者の入院率・重症化率ともにデルタ株の半分以下[4]。無症状者が一定の割合で存在します。

治療：抗コロナウイルス薬・抗体薬のほぼすべてでデルタ株に比べ効果が減弱します[5]。

対処：感染機会を減らすこと。マスクに感染予防効果はありませんが感染拡大を防ぐ効果は認められています。

消毒：どんな消毒薬でもよく効きます。

ワクチン：感染予防効果は２回目のワクチン接種から６ヶ月以降で減弱しますが３回目のワクチン接種で66～75%に回復します[6]。

文献

１）読売新聞2022.3.2　https://www.yomiuri.co.jp/medical/20220302-OYT1T50269/

２）新型コロナウイルス感染症対策アドバイザリーボード2022.1.26　https://www.mhlw.go.jp/content/10900000/000888033.pdf

３）新型コロナウイルス感染症対策アドバイザリーボード2022.3.22　https://www.mhlw.go.jp/content/10900000/000917804.pdf

４）日本小児科学会2022.3.28　http://www.jpeds.or.jp/uploads/files/20220328_tyukan_hokoku3.pdf

５）日本医療研究開発機構2022.3.30　https://www.amed.go.jp/news/seika/kenkyu/20220330-02.html

６）厚生労働省ワクチン分科会2022.2.10　https://www.cov19-vaccine.mhlw.go.jp/qa/uploads/146b273e444a709f38e97303b4361076323703c7.pdf

令和４年５月　著者

玉川　進（独立行政法人国立病院機構旭川医療センター　臨床検査科部長）
医師。医学博士。
昭和37年北海道中川郡美深町出身。旭川医科大学卒業。
旭川医科大学麻酔科、自治医科大学集中治療部、旭川医科大学第一病理学講座を経て現職。

協力
大雪消防組合東消防署

写真
石田憲由　一ノ瀬あかね　一ノ瀬雄基　太田利絵　神谷美咲　斉藤志保　杉﨑香奈　林紘汰

イラスト
一ノ瀬あかね

学校の応急処置がよくわかる【第２版】
―緊急度の判断とその対応―

2020年４月７日　初　版第１刷発行
2022年９月５日　第２版第１刷発行

著　者　玉川　進

発行者　山本敬一
発行所　株式会社東山書房
〒604-8454　京都市中京区西ノ京小堀池町8-2
TEL：075-841-9278／FAX：075-822-0826
https://www.higashiyama.co.jp

印刷所　創栄図書印刷株式会社

　ISBN978-4-8278-1581-8